Cornelia Schinharl

Tofu
köstlich und vielseitig

Raffinierte Rezepte
für vollwertige Vorspeisen,
Suppen, Hauptgerichte und Desserts

Mit Anleitung fürs Selbermachen
von Tofu

GU
Gräfe und Unzer

Umschlag-Vorderseite
Um die vielfältigen Möglichkeiten von Tofu kennenzulernen, ist Gebratener Tofu mit Gemüsereis das geeignete Gericht: Er ist einfach zubereitet und schmeckt hervorragend! Rezept Seite 29.

2. Umschlagseite
So verlockend angerichtet mit Radieschen, Basilikum und Vollkornbrot ist der Marinierte Tofu nicht nur ein Augenschmaus, sondern auch ein kulinarisches Vergnügen. Rezept Seite 12.

3. Umschlagseite
Tofupflänzchen mit Pfirsichkompott schmecken so gut, daß sie nicht nur als Dessert, sondern auch als Hauptmahlzeit großen Anklang finden werden. Rezept Seite 52.

CIP-Titelaufnahme der Deutschen Bibliothek

Schinharl, Cornelia:
Tofu – köstlich und vielseitig: raffinierte Rezepte für vollwertige Vorspeisen, Suppen, Hauptgerichte u. Desserts; mit Anleitung fürs Selbermachen von Tofu / Cornelia Schinharl. – 2. Aufl. –
München: Gräfe u. Unzer, 1989
(GU-Vollwert-Küchen-Ratgeber)
ISBN 3-7742-5050-2

2. Auflage 1989
© Alle Rechte vorbehalten. Nachdruck, auch auszugsweise, sowie Verbreitung durch Film, Funk und Fernsehen, durch fotomechanische Wiedergabe, Tonträger und Datenverarbeitungssysteme jeder Art nur mit schriftlicher Genehmigung des Verlages.

Redaktion: Adelheid Schmidt-Thomé
Herstellung: Heiner Knapp
Farbfotos: Susi und Pete A. Eising: Seite 17, 18 und 37; Fotostudio Teubner: alle übrigen Farbfotos
Zeichnungen: Gerlind Bruhn
Umschlaggestaltung: Heinz Kraxenberger
Satz und Druck: Appl, Wemding
Reproduktionen: Brend'amour, Simhart & Co.
Bindung: R. Oldenbourg

ISBN 3-7742-5050-2

Cornelia Schinharl
lebt in München und interessierte sich schon immer für das Thema Kochen. Nach ihrem Sprachenstudium wandte sie sich schließlich auch beruflich dem Bereich Ernährung zu. Durch die Arbeit bei einer Food-Journalistin eignete sie sich umfangreiche Kenntnisse – besonders auf dem Gebiet der Vollwerternährung – an. Seit 1985 ist sie als Redakteurin und Autorin selbständig tätig. Im gleichen Verlag ist von ihr der Titel »Köstliche Keime und feine Sprossen« erschienen.

Wichtiger Hinweis
Wenn bei den Rezepten Getreide benötigt wird, so muß beim Getreidekauf darauf geachtet werden, daß das Getreide gereinigt ist. Es muß befreit sein von Schmutz und Unkrautsamen (vor allem Samen der giftigen Kornrade). Auch der wieder häufiger auftretende Pilzparasit, der vor allem den Roggen befällt, das Mutterkorn, darf nicht enthalten sein. Es ist ein schwärzliches, meist stark vergrößertes Getreidekorn. Mutterkorn ruft beim Genuß lebensgefährliche Vergiftungserscheinungen hervor. Getreide muß also vor der Verarbeitung unbedingt verlesen werden.

Sie finden in diesem Buch

Ein Wort zuvor 4

Wissenswertes über Tofu 5
Tofuherstellung 5
Fehlerquellen bei der Herstellung von Tofu 5
Normaler und fester Tofu 6
Seidentofu 8
Tofu aus gemahlenen Sojabohnen 8
Aufbewahrung von Tofu 9

Feine Vorspeisen und Salate 10
Gefüllte Weinblätter 10
Algenröllchen mit roten Linsen und Tofu 11
Tofu-Kräutercreme 11
Marinierter Tofu 12
Tomatensalat mit Tofu 13
Gurkensalat mit Tofustreifen 13
Linsensalat mit Tofu und Frühlingszwiebeln 14
Grüne-Bohnen-Salat mit Tomaten und Tofu 15
Blattsalate mit Tofuwürfeln 15
Marinierte Zucchini und Pilze mit Seidentofu 16
Sellerie-Möhren-Rohkost mit Tofudressing 19

Kräftige Suppen 20
Klare Brühe mit Algen und Tofu 20
Tomatensuppe mit Tofu 20
Grüne Erbsensuppe mit Tofucreme 21
Gemüsesuppe mit Tofuklößchen 21
Scharfe Paprikasuppe 22
Pilzsuppe mit Petersilie 22
Kichererbsensuppe mit Spinat und Tofu 23
Hirsesuppe mit Sellerie und Tofu 23
Misosuppe mit Gemüse und Tofu 24

Herzhafte Hauptgerichte 25
Pfannengerührtes Gemüse mit Tofu 25
Tofuklößchen mit Rote-Bete-Gemüse 26
Gebratener Tofu in Zitonensauce 29
Gebratener Tofu mit Gemüsereis 29
Süßsaures Gemüse mit Tofu 30
Spitzkohlrouladen mit Tofu 31

Tofuklößchen auf provenzalische Art 32
Fladenbrote mit Tofu-Gemüse-Ragout 33
Vollkornspaghetti mit Tofuragout 34
Gefüllte Tofuschnitten 35
Tofupflänzchen mit Sellerie und Haselnüssen 35
Gemüse-Tofu-Pflänzchen 36
Grünkerntopf mit Tofuwürfeln 39
Geschmorter Dinkel mit Tofu 39
Tofuragout mit Radicchio und Mandeln 40
Bunte Gemüseplatte mit Tofusaucen 40
Risotto mit Spinat, Pilzen und Tofu 41
Weizen-Broccoli-Curry mit Tofu 42

Tofu, gegrillt und überbacken 43
Lasagne mit Gemüse und Tofusauce 43
Pizza mit Tofu und Kräutern 44
Nudelauflauf mit Tofu und Paprika 44
Gegrillter Tofu mit süßsaurer Glasur 45
Tofugratin mit Tomaten und Petersilienpaste 46
Tofuquiche mit Wirsing 49
Gefüllte Zucchini 50

Köstliche Süßspeisen 51
Tofu-Nußstrudel 51
Tofupflänzchen mit Pfirsichkompott 52
Avocadocreme mit Tofu 52
Tofu-Grießauflauf mit Obst 53
Tofu-Erdbeerbecher 53
Tofueis mit Orangenlikör 54
Zwetschgen und Birnen mit Tofu 54

Rezept- und Sachregister

Ein Wort zuvor

Tofu (Sojabohnenquark) ist eine kulinarische Entdeckung nicht nur für alternative Köche. Als wichtiges gesundes Nahrungsmittel können Sie ihn inzwischen in fast allen Reformhäusern, Naturkostläden und natürlich in asiatischen Lebensmittelgeschäften kaufen. Die meisten von uns kennen ihn allerdings hauptsächlich in Sojasauce mariniert und gebraten und wissen kaum, wie vielseitig Tofu in der Küche verwendbar ist, und wie Sie ihn so zubereiten können, daß er am besten schmeckt. Da schafft dieser Küchen-Ratgeber jetzt Abhilfe.

Tofu hat in China, aber auch in Japan eine lange Tradition. Vermutlich wurde die Methode zur Herstellung von Tofu rein zufällig entdeckt. Sojabohnen zählten in China zu den heiligen Feldfrüchten und wurden auch getrocknet verwendet. Um sie später beispielsweise zu einer Suppe zu verarbeiten, wurden sie eingeweicht, zerkleinert oder püriert und zum Kochen gebracht. Wenn diese Suppe nun mit Meersalz (aus dem ja auch das für die Tofuherstellung gebräuchliche Gerinnungsmittel Nigari gewonnen wird) gewürzt wurde, gerann sie, und man erhielt den Sojaquark. Nach Japan kam Tofu viel später. Es wird angenommen, daß buddhistische Mönche ihn im 8. Jahrhundert n. Chr. von einer ihrer Reisen durch China mitbrachten.

Da Tofu relativ wenig Eigengeschmack hat, können Sie ihn mit den verschiedensten Zutaten kombinieren und sehr abwechslungsreich zubereiten. Ob Sie Tofu nun mariniert als Vorspeise servieren, eine Suppe damit anreichern und verfeinern, ihn braten und mit einer schmackhaften Sauce für eine Hauptmahlzeit anrichten oder zu einem cremigen Dessert verarbeiten – er schmeckt immer gleichermaßen gut und ist dabei sehr einfach zu verarbeiten. Cremesuppe mit Tofuklößchen, Gebratener Tofu in Zitronensauce oder Tofu-Grießauflauf mit Obst, um nur wenige der reizvollen Rezepte zu nennen, gelingen mit den unkomplizierten Beschreibungen bestimmt ganz leicht. Wie vielseitig die Gerichte sind, die Sie mit Tofu zubereiten können, zeigen Ihnen die brillanten Farbfotos in diesem Küchen-Ratgeber.

Ich möchte Ihnen jedoch nicht nur die Zubereitung von Tofu beschreiben, sondern auch, wie Sie Tofu selber herstellen können. Wenn Sie ein paar wichtige Regeln beachten, ist das ganz einfach, und das Ergebnis wird Sie bestimmt davon überzeugen, daß sich die kleine Mühe auch wirklich gelohnt hat. Denn frischer Tofu schmeckt ganz besonders gut. Mit meinen Anleitungen können Sie Tofu so herstellen, wie Sie ihn in den meisten Geschäften zu kaufen bekommen, aber auch mit aromatischen Zutaten wie Walnüssen oder aus Sojamehl, das noch die wichtigen Ballaststoffe enthält.

Wie schon erwähnt, ist Tofu auch ungewöhnlich gesund. Für alle, die beispielsweise nach einem geeigneten Ersatz für Fleisch suchen, ist Tofu geradezu ideal. Denn von allen Hülsenfrüchten enthalten Sojabohnen am meisten hochwertiges Eiweiß. Zudem versorgt Tofu den Körper mit zahlreichen Mineralstoffen und Vitaminen. Und nicht zuletzt ist Tofu geeignet für alle, die Gewichtsprobleme haben. Er enthält nämlich pro 100 g durchschnittlich nur 320 KiloJoule beziehungsweise 75 KiloKalorien.

Neben den Rezepten finden Sie in diesem Buch weitere wichtige Informationen über Tofu – wie Sie ihn richtig aufbewahren, zum Beispiel, oder welche Sorten sich für die jeweiligen Gerichte am besten eignen. Schritt-für-Schritt-Abbildungen verdeutlichen Arbeitsvorgänge, die Ihnen vielleicht noch nicht so vertraut sind. Die vielen informativen Zeichnungen werden Ihnen das Nachkochen zusätzlich erleichtern.

Wenn Sie Tofu erst einmal näher kennengelernt haben, werden Sie sicher auch zu eigenen Kreationen angeregt. Und nun viel Spaß beim Kochen und guten Appetit!

Ihre Cornelia Schinharl

Wissenswertes über Tofu

Tofuherstellung

Tofu gibt es inzwischen in allen Reformhäusern, Naturkostläden und in asiatischen Lebensmittelgeschäften in 250- oder 300-g-Packungen zu kaufen. Aber es lohnt sich, Tofu einmal selbst herzustellen, denn frischer Tofu schmeckt besonders gut. Und wenn Sie ein paar wichtige Regeln beachten und die notwendigen Geräte zur Verfügung haben, ist die Herstellung von Tofu ganz einfach und macht zudem auch Spaß.

Geräte, die Sie zur Tofuherstellung benötigen:
2 große Schüsseln
(1 zum Einweichen der Bohnen,
1 zum Auffangen der Sojamilch)
1 Meßbecher
1 Mixer
1 großen Topf
(mindestens 6 l Fassungsvermögen)
1 stabiles Sieb (am besten aus Edelstahl)
1 Baumwollsack zum Auspressen der Sojamasse oder ein großes Baumwolltuch
1 Kartoffelstampfer oder stabilen Kochlöffel
1 Tofupreßkasten
(Sie können auch ein anderes Gefäß, wie zum Beispiel eine Kartoffelpresse, verwenden. Wichtig ist nur, daß das Gefäß genügend Löcher hat, damit die Molke beim Pressen abfließen kann.)
1 Baumwolltuch zum Auslegen des Kastens
1 Schöpflöffel
1 Schaumlöffel

Außerdem benötigen Sie zur Herstellung von Tofu getrocknete gelbe Sojabohnen und ein **Gerinnungsmittel.** Um die Sojamilch zum Gerinnen zu bringen, können Sie verschiedene Mittel verwenden: Calciumsulfat, ein besonders gereinigtes Mineral (in der groben Form als Baustoffgips bekannt), Calciumchlorid und Nigari, das aus Meersalz oder Meerwasser gewonnen wird. Außerdem eignen sich auch Zitronensaft oder Essig. Die Gerinnungsmittel Calciumchlorid und Calciumsulfat bekommen Sie in Reformhäusern, Nigari in Naturkostläden. Tofu, der mit den Gerinnungsmitteln Calciumchlorid, Calciumsulfat oder Nigari hergestellt wurde, ist weiß und relativ geschmacksneutral. Zitronensaft oder Essig geben dem Tofu dagegen einen leicht säuerlichen Geschmack.

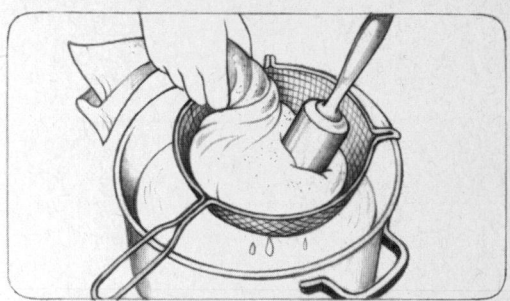

Am besten pressen Sie die Sojamasse in einem stabilen Sieb mit einem Kartoffelstampfer aus. Die Milch läuft in den darunterstehenden Topf.

Fehlerquellen bei der Herstellung von Tofu

In der Regel ergeben 300 g Sojabohnen eine Ausbeute von etwa 400 g gepreßtem Tofu. Wenn der Ertrag jedoch wesentlich geringer ist, kann dies verschiedene Gründe haben:
● Die Bohnen waren zu alt oder nicht lange genug eingeweicht. Ob die Bohnen genug gequollen sind, können Sie leicht prüfen: Eine Bohne halbieren. Ist sie innen flach und gleichmäßig gefärbt, sind die Bohnen weich genug. Ist sie jedoch noch hohl und in der Mitte etwas dunkler, müssen die Bohnen noch etwas länger quellen.
● Die Sojabohnen waren nicht fein genug püriert.

● Sie haben zuviel Gerinnungsmittel zu schnell zugegeben. Dies ist meist der Fall, wenn die Milch gleich beim ersten Schritt vollständig gerinnt.
● Sie haben zuwenig Gerinnungsmittel verwendet, die Milch ist nicht vollständig geronnen.

Normaler und fester Tofu

Bild Seite 17

Tofu erhält seine Konsistenz durch Pressen der geronnenen Sojamasse. Dauert der Preßvorgang doppelt so lange, wird aus normalem Tofu fester Tofu.

Zutaten für etwa 400 g Tofu:
300 g getrocknete gelbe Sojabohnen · Wasser · 2 Teel. Calciumchlorid, Calciumsulfat (Reformhaus) oder Nigari (Naturkostladen) oder 2–3 Eßl. Zitronensaft oder Obstessig

● Quellzeit: etwa 8 Stunden
● Zubereitungszeit: etwa 45 Minuten
● Preßzeit: 15–30 Minuten

So wird's gemacht: Die Sojabohnen in einem Sieb gründlich kalt abspülen. Dann in eine Schüssel geben, mit kaltem Wasser bedecken und etwa 8 Stunden oder über Nacht quellen lassen. ● Die Sojabohnen dann noch einmal in einem Sieb kalt abspülen. Die Hälfte der Bohnen mit ½ l kaltem Wasser in den Mixer geben und in 2–3 Minuten sehr fein pürieren. Die restlichen Bohnen ebenfalls mit ½ l Wasser pürieren. ● Etwa 2 l Wasser in einem großen Topf (mindestens 6 l Fassungsvermögen) zum Kochen bringen. Das Sojapüree untermischen und alles bei mittlerer Hitze unter ständigem Rühren etwa 10 Minuten köcheln lassen. Dabei sollten Sie am Herd stehen bleiben, da das Püree leicht überkocht. Den Topf gegebenenfalls kurz vom Herd ziehen. ● Ein stabiles Sieb über einen großen, tiefen Topf oder eine Edelstahlschüssel hängen. Den Preßsack oder ein großes Baumwolltuch anfeuchten und das Sieb damit auslegen. ● Den Preßkasten mit dem ebenfalls angefeuchteten Tuch auskleiden und in die Spüle stellen. ● Die Sojamasse nach und nach in den Preßsack in dem Sieb gießen. Den Sack zusammendrehen (Vorsicht, es ist sehr heiß) und die Sojamasse mit einem Kartoffelstampfer oder stabilen Kochlöffel ausdrücken, bis alle Sojamilch ausgetreten ist. Den Sojarückstand (Okara) aus dem Sack in eine Schüssel schütten und mit ¾ l kaltem Wasser verrühren. Dann noch einmal in den Preßsack geben und erneut so

In einem verschließbaren Gefäß mit Einsatz können Sie Tofu fachgerecht aufbewahren, das tägliche Wechseln des Wassers macht keine Mühe.

lange ausdrücken, bis keine Flüssigkeit mehr austritt. Das Okara in ein verschließbares Gefäß geben und aufbewahren (Hinweise zur Verwendung von Okara finden Sie im Tip unten). ● Den Topf kalt ausspülen, die Sojamilch wieder hineingeben und bis kurz vor den Siedepunkt erhitzen. Den Topf dann vom Herd ziehen. ● Das Calciumchlorid, Calciumsulfat oder das Nigari in etwa ¼ l kaltem Wasser auflösen. Et-

Wissenswertes über Tofu

wa ein Drittel davon beziehungsweise vom Zitronensaft oder Essig unter kräftigem Rühren in die Sojamilch gießen. Dabei auch am Boden und am Rand des Topfes rühren, denn die Sojamilch gerinnt von unten nach oben. Die Milch mit dem Kochlöffel »zum Stehen« bringen, das heißt, mit dem Kochlöffel kurz in die andere Richtung rühren und den Löffel dann in die Milch halten, bis sie sich nicht mehr bewegt. Die Milch zudecken und etwa 3 Minuten ruhen lassen. • Ein weiteres Drittel des Gerinnungsmittels vorsichtig an der Oberfläche der Milch einrühren und die Milch erneut etwa 2 Minuten stehenlassen. • Jetzt das restliche Gerinnungsmittel einrühren. Die Milch vorsichtig ganz durchrühren, dann noch einmal etwa 5 Minuten stehenlassen, bis sich die Milch vollständig in weißen Quark und blaßgelbe, klare Molke getrennt hat. • Die Molke soweit wie möglich mit einem Schöpflöffel vorsichtig abschöpfen (die Molke nicht weggießen, sie läßt sich beispielsweise gut zum Blumengießen verwenden). Den Sojaquark mit einem Schaumlöffel aus dem Topf heben und in den Preßkasten füllen. Das Tuch über der Tofumasse zusammenklappen und den Deckel daraufgeben. Den Deckel mit einem Gewicht von etwa 1 kg (zum Beispiel ein mit Wasser gefülltes Einmachglas) beschweren und das Ganze 15-30 Minuten stehenlassen. • Nach 15 Minuten erhalten Sie einen Tofu, der von etwas weicherer Konsistenz als der industriell gefertigte Tofu ist. Nach 30 Minuten ist der Tofu sehr fest. • Eine große Schüssel mit eiskaltem Wasser füllen. Den Rand des Preßkastens vorsichtig entfernen und den Tofu mit dem Tuch in das Wasser gleiten lassen. Den Tofu aus dem Tuch wickeln und einige Minuten in dem Wasser abkühlen lassen. Dann einmal halbieren und aus der Schüssel heben. • Den Tofu entweder am selben Tag weiterverarbeiten oder in einem mit Wasser gefüllten Gefäß im Kühlschrank aufbewahren (Seite 9).

Variante: Walnuß- und Kräutertofu

75 g Walnußkerne mit einem großen schweren Messer oder dem Zwiebelhacker sehr fein hakken. Oder 75 g gemischte frische Kräuter (wie zum Beispiel Petersilie, Schnittlauch, Zitronenmelisse und Thymian) waschen, trockentupfen und ohne die groben Stiele feinhacken. Die Sojamilch wie oben beschrieben zubereiten und das Gerinnungsmittel einrühren. Die Walnußkerne zusammen mit dem letzten Drittel Gerinnungsmittel unterrühren und mit dem Sojaquark in den Preßkasten füllen. Die Kräuter erst kurz vor dem Einfüllen untermischen. Den Tofu wie oben beschrieben fertigstellen. Walnußtofu schmeckt gebraten besonders gut, er eignet sich aber auch zur Herstellung von Klößchen. Kräutertofu läßt sich für alle Zubereitungsarten verwenden.

Variante: Gemüsetofu

150 g Gemüse wie zum Beispiel Möhren, Lauch oder rote Bete putzen, waschen und in feine Stifte schneiden. Das Gemüse in sprudelnd kochendem Salzwasser 1 Minute blanchieren,

> **Mein Tip** Der Sojarückstand, das Okara, enthält noch einen Teil des Eiweißes der Sojabohnen sowie die wichtigen Ballaststoffe. Wie auch Bohnen darf es roh nicht verzehrt werden. Sie können es auf zwei Arten dämpfen: In den Dampfkochtopf 1 l Wasser geben, in den Einsatz 500 g Okara füllen und in 10 Minuten unter Druck garen. Wenn Sie keinen Dampfkochtopf haben, dämpfen Sie das Okara 1 Stunde lang im Dämpfeinsatz. Anschließend können Sie es zum Beispiel in Suppen mitkochen, mit Mehl und Eiern zu Pflänzchen verarbeiten oder auch mit Gemüse schmoren.

Wissenswertes über Tofu

dann kalt abschrecken und abtropfen lassen. Die Sojamilch wie oben beschrieben zubereiten und das Gerinnungsmittel einrühren. Das Gemüse zusammen mit dem letzten Drittel Gerinnungsmittel unter die Sojamasse rühren. Den Tofu wie oben beschrieben fertigstellen. Gemüsetofu schmeckt gut in Suppen, zu Salaten oder auch gebraten.

Seidentofu

Seidentofu wird nicht gepreßt und hat eine Konsistenz, die zwischen Dickmilch und Joghurt liegt. Bei uns ist Seidentofu bisher nur in sehr wenigen asiatischen Geschäften erhältlich.

Zutaten für etwa 600 g Seidentofu:
200 g getrocknete gelbe Sojabohnen · Wasser ·
4–5 Teel. Zitronensaft oder ½ Teel. Nigari,
in 1 Eßl. Wasser aufgelöst

- Quellzeit: etwa 8 Stunden
- Zubereitungszeit: etwa 30 Minuten
- Ruhezeit: etwa 1½ Stunden

<u>So wird's gemacht:</u> Die Sojabohnen in einer Schüssel mit Wasser bedecken und etwa 8 Stunden quellen lassen. • Die Bohnen dann in einem Sieb gründlich kalt abspülen. • Die Hälfte der Bohnen mit ⅜ l Wasser im Mixer in etwa 2 Minuten zu einem feinen Püree verarbeiten. Die restlichen Bohnen ebenfalls mit Wasser pürieren. • Die Sojamasse in einen Preßsack füllen. Den Preßsack zusammendrehen und die Sojamasse über einem Topf mit den Händen so lange ausdrücken, bis alle Flüssigkeit abgeflossen ist. • Die Sojamilch im Topf zum Kochen bringen und unter ständigem Rühren (die Milch kocht leicht über) bei mittlerer Hitze etwa 10 Minuten kochen lassen. • Die Milch dann in eine Schüssel gießen und zugedeckt etwa 5 Minuten stehenlassen. • Die Milch mit einem Holzlöffel kurz durchrühren. Den Zitronensaft oder das Nigari dazugießen und die Milch ½ Minute durchrühren. • Die Milch dann offen etwa 20 Minuten ruhig stehenlassen. • Die geronnene Sojamasse mit Klarsichtfolie abdecken und etwa 1 Stunde in den Kühlschrank stellen, bis sie fest geworden ist. • Den Seidentofu mit einem Schneebesen kräftig durchrühren und sofort verwenden oder in einem gut verschlossenen Gefäß im Kühlschrank aufbewahren.

> **Mein Tip** Seidentofu eignet sich besonders gut zum Verfeinern von Suppen und Saucen, aber auch als Grundlage für alle Gerichte, in denen pürierter Tofu verwendet wird (zum Beispiel die Tofusaucen zur bunten Gemüseplatte, Rezept Seite 40). Lassen Sie hierbei dann die zum Mixen verwendete Flüssigkeit weg.

Tofu aus gemahlenen Sojabohnen

Dieser Tofu wird in der Konsistenz körniger als der Tofu aus Sojamilch und enthält auch noch die wichtigen Ballaststoffe. Bisher gibt es ihn noch nicht fertig zu kaufen.

Zutaten für etwa 1 kg Tofu:
Wasser · 300 g getrocknete gelbe Sojabohnen, feingemahlen · knapp 1 Eßl. Calciumchlorid, Calciumsulfat oder Nigari oder 5–6 Eßl. Zitronensaft beziehungsweise Obstessig

- Zubereitungszeit: etwa 40 Minuten
- Preßzeit: etwa 20 Minuten

Wissenswertes über Tofu

So wird's gemacht: Etwa 2 l Wasser in einem großen Topf (mindestens 5 l Fassungsvermögen) zum Kochen bringen. Das Sojamehl langsam dazugeben. Dabei ständig kräftig rühren, damit sich keine Klümpchen bilden. • Die Masse einmal aufkochen lassen, dann bei schwacher Hitze etwa 20 Minuten köcheln lassen. Dabei gelegentlich umrühren und darauf achten, daß die Milch nicht überkocht. Den Topf gegebenenfalls kurz vom Herd ziehen. • Das Calciumchlorid, Calciumsulfat oder das Nigari mit ¼ l kaltem Wasser verrühren. • Die Sojamasse vom Herd nehmen und ein Drittel vom Calciumchlorid, Calciumsulfat, Nigari, Zitronensaft oder Essig langsam einrühren. • So lange warten, bis sich die Flüssigkeit an der Oberfläche nicht mehr bewegt. Dann ein weiteres Drittel des Gerinnungsmittels unterrühren. Die Flüssigkeit noch einmal gut durchrühren (auch am Boden und am Rand des Topfes), dann das restliche Gerinnungsmittel unterrühren. • Die Masse zugedeckt etwa 5 Minuten stehenlassen, bis sich die blaßgelbe, klare Molke abgesetzt hat. • Inzwischen den Tofu-Preßkasten mit dem angefeuchteten Tuch auskleiden. • Die geronnene Sojamasse mit einem Schaumlöffel nach und nach in den Preßkasten schöpfen. Wenn die ganze Sojamasse eingefüllt ist, das Tuch über dem Tofu zusammenschlagen und den Deckel daraufgeben. • Den Deckel mit einem Gewicht von etwa 2 kg (zum Beispiel zwei mit Wasser gefüllte Einmachgläser oder Flaschen) beschweren und den Tofu etwa 20 Minuten pressen. • Eine große Schüssel mit eiskaltem Wasser füllen. Den Rand des Preßkastens entfernen und den Tofu mit dem Tuch in das Wasser gleiten lassen. Das Tuch vorsichtig entfernen und den Tofu einige Minuten im Wasser abkühlen lassen. Den Tofu dann zweimal durchschneiden und mit einem Schaumlöffel herausheben. • Den Tofu entweder sofort verwenden oder in einem mit Wasser gefüllten, verschließbaren Gefäß im Kühlschrank aufbewahren (siehe unten).

Aufbewahrung von Tofu

Tofu läßt sich problemlos aufbewahren: Geben Sie ihn in ein gut schließendes Gefäß, das Sie mit kaltem Wasser gefüllt haben. Im Kühlschrank hält sich Tofu dann etwa 10 Tage lang frisch, wobei das Wasser jeden Tag ausgewechselt werden muß. Fertig gekaufter Tofu ist mit einem Verfallsdatum versehen. Wenn Sie nicht die ganze Packung auf einmal verbrauchen, können Sie den Rest wie oben beschrieben aufbewahren. Seidentofu geben Sie ohne Wasser in einem verschlossenen Gefäß in den Kühlschrank.

Tofu können Sie auch einfrieren. Er hält sich dann mehrere Monate frisch. Beim Einfrieren bekommt Tofu eine bräunliche Farbe, die nach dem Auftauen (entweder bei Zimmertemperatur oder in lauwarmem Wasser) wieder verschwindet. Tofu verändert seine Struktur beim Einfrieren jedoch etwas, er wird poröser.

Mein Tip Dieser körnige Tofu eignet sich am besten zum Braten und Grillen (zum Beispiel Gegrillter Tofu mit süßsaurer Glasur, Rezept Seite 45), weniger für Gerichte aus püriertem Tofu.

Feine Vorspeisen und Salate

Gefüllte Weinblätter

Wenn Sie die Weinblätter als leichtes Hauptgericht servieren möchten, werden nur 4 Personen davon satt.

Zutaten für 6 Portionen:
etwa 24 Weinblätter in Salzlake · 250 g Tofu ·
½ kleine Zitrone · 1–2 Eßl. ungeschälte
Sesamsamen · 1 Bund Dill · 1 Bund Petersilie ·
weißer Pfeffer, frisch gemahlen · Salz ·
⅛ l Gemüsebrühe, frisch gekocht oder aus
Würfeln · 100 g saure Sahne
Pro Portion etwa 340 kJ/80 kcal
5 g Eiweiß · 5 g Fett · 4 g Kohlenhydrate ·
0 g Ballaststoffe

- Vorbereitungszeit einschließlich Ruhezeit: etwa 1 Stunde und 10 Minuten
- Garzeit: etwa 10 Minuten

So wird's gemacht: Die Weinblätter vorsichtig voneinander trennen und in eine Schüssel mit kaltem Wasser legen, damit das überschüssige Salz ausgeschwemmt wird. Die Weinblätter etwa 1 Stunde ruhen lassen, dabei das Wasser gelegentlich erneuern. • Inzwischen den Tofu abtropfen lassen und in sehr kleine Würfel schneiden. Die Zitrone gründlich schälen und dabei auch die weißen Häutchen entfernen. Das Fruchtfleisch so fein wie möglich hacken. • Die Sesamsamen in einer trockenen Pfanne unter Rühren einige Minuten anrösten, bis sie würzig duften, dann auf einem Teller beiseite stellen. • Die Kräuter waschen, trockenschwenken und ohne die groben Stiele fein hacken. • Den Tofu mit dem Zitronenfleisch, den Sesamsamen und den Kräutern mischen und die Masse mit reichlich Pfeffer und eventuell wenig Salz (die Weinblätter sind noch immer salzig) abschmecken. • Die Weinblätter abtropfen lassen und auf der Arbeitsfläche ausbreiten. Die Blätter jeweils mit etwas Füllung bedecken, an den Seiten einklappen und vorsichtig zusammenrollen. • Die Gemüsebrühe in einem Topf erhitzen. Die Weinblätter hineinlegen und bei schwacher Hitze zugedeckt einige Minuten darin erwärmen. • Die Weinblätter herausheben und auf vorgewärmten Tellern anrichten. Die saure Sahne unter die Gemüsebrühe rühren und die Sauce zu den Weinblättern servieren.

Mein Tip Weinblätter gibt es oft in 250-g-Packungen mit 40–50 Blättern. Meist sind einige davon zu klein zum Füllen, und manche reißen auch beim Auseinandertrennen. Diese Blätter können Sie entweder klein hacken und in der Sauce mitgaren oder auch in einem anderen Gemüse-Gericht verarbeiten.

Variante: Spinatröllchen mit Tofu-Nußfüllung
75 g Walnußkerne mit einem großen schweren Messer grob hacken. 175 g Tofu abtropfen lassen, mit einer Gabel fein zerdrücken und mit den Nüssen mischen. Die Masse mit ½–1 Eßlöffel Sojasauce, frisch gemahlenem weißem Pfeffer und 1 Prise geriebener Muskatnuß abschmecken. Einige Blättchen frische Pfefferminze kalt abspülen, trockentupfen, fein hacken und untermischen. Etwa 30 große Spinatblätter putzen, gründlich waschen und abtropfen lassen. Auf der Arbeitsfläche ausbreiten und jeweils mit etwas Füllung belegen. Die Blätter wie oben beschrieben aufrollen. In einem Topf ⅛ l Gemüsebrühe erhitzen. Die Spinatröllchen hineinlegen und zugedeckt bei schwacher Hitze etwa 5 Minuten garen, bis sie heiß sind. Die Röllchen herausnehmen und 100 g Sahne unter die Gemüsebrühe mischen. Die Sauce mit Salz, Pfeffer und Muskat abschmecken.

Feine Vorspeisen und Salate

Algenröllchen mit roten Linsen und Tofu

Bild Seite 47

Zutaten für 6 Portionen:
3 Nori-Algenblätter (etwa 10 g) · 150 g Tofu ·
½ Bund Petersilie · ½ Bund Schnittlauch · 1 Eßl.
Sojasauce · 1 Eßl. Zitronensaft · 125 g rote
Linsen · ¼ l Gemüsebrühe, frisch gekocht oder
aus Würfeln · 1 Stück Salatgurke (etwa 150 g) ·
1 Tomate (etwa 100 g) · 1 Stück frischer Meerrettich (1–2 cm lang) · Salz · Cayennepfeffer
Pro Portion etwa 430 kJ/100 kcal
8 g Eiweiß · 2 g Fett · 15 g Kohlenhydrate ·
1 g Ballaststoffe

- Vorbereitungszeit: etwa 25 Minuten
- Garzeit: etwa 15 Minuten
- Fertigstellung: etwa 30 Minuten

So wird's gemacht: Die Algenblätter einmal längs durchschneiden. Die Blätter in einer Pfanne ohne Fettzugabe bei mittlerer Hitze von beiden Seiten nur so lange rösten, bis sie sich grün färben. Die Blätter dann herausnehmen und auf der Arbeitsfläche ausbreiten. • Den Tofu abtropfen lassen und in Würfel von etwa ½ cm Größe schneiden. Die Kräuter waschen und trockenschwenken. Die Petersilie fein hacken, den Schnittlauch in dünne Röllchen schneiden. Den Tofu mit den Kräutern, der Sojasauce und dem Zitronensaft in einem Schälchen mischen und zugedeckt beiseite stellen. • Die Linsen mit der Gemüsebrühe in einem Topf zum Kochen bringen. Die Linsen dann bei schwacher Hitze zugedeckt in etwa 15 Minuten garen. • Inzwischen die Salatgurke schälen und in kleine Würfel schneiden. Die Tomate waschen, abtrocknen und ebenfalls fein würfeln, dabei den Stielansatz herausschneiden. Den Meerrettich schälen und auf der Rohkostreibe fein raspeln. • Die Linsen etwas abkühlen lassen und mit den Tofuwürfeln einschließlich der Marinade, den Gurken- und den Tomatenwürfeln mischen. Die Masse mit wenig Salz und 1 kräftigen Prise Cayennepfeffer pikant abschmecken und auf den Algenblättern verteilen. Den Meerrettich in kleinen Häufchen darauf setzen. • Die Algenblätter von der Schmalseite her aufrollen und bis zum Servieren im Kühlschrank aufbewahren.

Mein Tip Algen können Sie in Naturkostläden, gut sortierten Reformhäusern sowie in asiatischen Lebensmittelgeschäften kaufen.

Tofu-Kräutercreme

Bild Seite 38

Tofucreme auf Vollkornbrot ergibt ein vollwertiges Abendessen.

Zutaten für 2 Portionen:
1 Schalotte · 1 Knoblauchzehe · je 1 Bund Basilikum, Schnittlauch und Petersilie · 150 g Tofu ·
1 Eßl. Sahne · 1 Eßl. Zitronensaft · Salz ·
weißer Pfeffer, frisch gemahlen
Pro Portion etwa 340 kJ/80 kcal
6 g Eiweiß · 4 g Fett · 5 g Kohlenhydrate ·
0 g Ballaststoffe

- Zubereitungszeit: etwa 20 Minuten

So wird's gemacht: Die Schalotte und die Knoblauchzehe schälen und sehr fein hacken. Die Kräuter waschen und trockenschwenken. Das Basilikum und die Petersilie ohne die groben Stiele fein hacken, den Schnittlauch in feine Röllchen schneiden. • Den Tofu abtropfen las-

Feine Vorspeisen und Salate

sen, dann mit dem Zitronensaft und der Sahne im Mixer pürieren oder mit einer Gabel sehr fein zerdrücken. • Die Schalotte, den Knoblauch und die Kräuter untermischen und die Creme mit Salz und Pfeffer pikant würzen.

<u>Paßt gut zu:</u> Vollkornbrot oder Pellkartoffeln

Mein Tip Wenn Sie diese Creme zu Kartoffeln servieren möchten, können Sie noch 1 Bund klein geschnittene Radieschen daruntermischen.

Variante: Tofucreme mit Sesam
150 g Tofu abtropfen lassen, dann mit 2 Eßlöffeln Zitronensaft und 1 Eßlöffel Sesammus im Mixer pürieren oder mit einer Gabel sehr fein zerdrücken. ½ Bund Petersilie waschen, trockenschwenken und ohne die groben Stiele fein hakken. Mit Salz, frisch gemahlenem weißem Pfeffer und 1 kräftigen Prise gemahlenem Kreuzkümmel unter die Tofucreme mischen. 2 Eßlöffel ungeschälte Sesamsamen in einer Pfanne ohne Fettzugabe unter ständigem Rühren anrösten, bis sie würzig duften. Etwas abkühlen lassen, dann unter die Tofucreme mischen.

Variante: Tofu-Paprikacreme
1 große rote Paprikaschote waschen, halbieren und vom Stielansatz und den Kernen befreien. Die Hälften im vorgeheizten Backofen bei 200° etwa 30 Minuten backen, bis die Haut Blasen wirft. Die Schote mit einem feuchten Tuch bedecken und etwas abkühlen lassen, dann die Haut abziehen und die Schote sehr fein hacken oder mit einer Gabel zerdrücken. 1 Eßlöffel Walnußkerne mit einem großen schweren Messer oder im Zwiebelhacker fein hacken. 150 g Tofu abtropfen lassen, dann mit 1 Eßlöffel Zitronensaft und 1 Eßlöffel Cognac oder Gemüsebrühe im Mixer pürieren oder mit einer Gabel sehr fein zerdrücken. Das Tofupüree mit dem Paprikamus und den Walnüssen mischen und mit Salz, frisch gemahlenem schwarzem Pfeffer und 1 Prise Cayennepfeffer abschmecken. Die Creme mit ½ Eßlöffel frisch gehackter Petersilie oder Schnittlauchröllchen bestreut servieren.

Marinierter Tofu

Bild 2. Umschlagseite

Zutaten für 4 Portionen:
300 g Tofu · 3 Knoblauchzehen · je 2 Teel.
frische Rosmarinnadeln und Thymianblättchen ·
Saft von 1 Zitrone · Salz · 1 Teel. flüssiger
Honig · 3 Eßl. kaltgepreßtes Olivenöl · 1 Teel.
grüne Pfefferkörner (aus dem Glas) · 1 Bund
Radieschen · 1 Bund Basilikum
Pro Portion etwa 550 kJ/130 kcal
6 g Eiweiß · 9 g Fett · 6 g Kohlenhydrate ·
0 g Ballaststoffe

- Zubereitungszeit: etwa 20 Minuten
- Marinierzeit: etwa 2 Stunden

<u>So wird's gemacht:</u> Den Tofu abtropfen lassen, einmal längs halbieren und die Hälften in sehr dünne Scheiben schneiden. Die Scheiben in eine große flache Schale legen. • Die Knoblauchzehen schälen und in feine Stifte schneiden. Die Kräuter waschen und trockentupfen. Mit dem Knoblauch, dem Zitronensaft, Salz und dem Honig mischen. Das Olivenöl teelöffelweise unterschlagen. Den grünen Pfeffer unterrühren und die Marinade gleichmäßig über den Tofuscheiben verteilen. Den Tofu zugedeckt etwa 2 Stunden an einem kühlen Ort marinieren, dabei gelegentlich wenden. • Dann die Radieschen putzen, waschen und in dünne Scheiben schneiden oder hobeln. Das Basilikum waschen, trockenschwenken und ohne die groben Stiele

Feine Vorspeisen und Salate

in feine Streifen schneiden. • Den marinierten Tofu mit den Radieschenscheiben anrichten und mit dem Basilikum bestreut servieren.

Das paßt dazu: Vollkornbrötchen

Variante: Tofu mit Sojamarinade
300 g Tofu abtropfen lassen, halbieren und in dünne Scheiben schneiden, dann in eine flache Schale legen. 1 kleine, frische rote Pfefferschote waschen, putzen und halbieren. Die brennendscharfen Kerne entfernen und die Schotenhälften in dünne Streifen schneiden. 1 große Knoblauchzehe schälen und durch die Presse drücken. Mit der Pfefferschote, 1 Teelöffel scharfem Senf, 1½-2 Eßlöffeln Sojasauce, 2 Eßlöffeln Zitronensaft und 1 Teelöffel flüssigem Honig verrühren. 3 Eßlöffel Maiskeimöl teelöffelweise unterrühren und die Marinade gleichmäßig über den Tofuscheiben verteilen. Den Tofu etwa 2 Stunden an einem kühlen Ort marinieren, dabei gelegentlich wenden. 1 Bund Schnittlauch waschen, trockentupfen und in feine Röllchen schneiden. Den Tofu damit bestreut servieren.

Tomatensalat mit Tofu

Bild Seite 18

Dieser Salat ist im Sommer gut als erfrischende Vorspeise geeignet.

Zutaten für 4 Portionen:
500 g vollreife Tomaten · 1 weiße Zwiebel · 150 g Tofu · ½ Bund Basilikum · 1 Eßl. Kräuteressig · 1 Eßl. Balsamessig · Salz · schwarzer Pfeffer, frisch gemahlen · 3 Eßl. kaltgepreßtes Olivenöl
Pro Portion etwa 760 kJ/180 kcal
5 g Eiweiß · 14 g Fett · 8 g Kohlenhydrate · 3 g Ballaststoffe

● Zubereitungszeit: etwa 25 Minuten

So wird's gemacht: Die Tomaten waschen, abtrocknen und quer in dünne Scheiben schneiden; dabei die Stielansätze entfernen. Die Tomatenscheiben fächerförmig auf vier Tellern anrichten. • Die Zwiebel schälen und in möglichst dünne Ringe schneiden. Den Tofu abtropfen lassen und in Würfel von etwa ½ cm Größe schneiden. Das Basilikum waschen und trockenschwenken. Die Blätter von den Stielen zupfen, eine Hälfte beiseite stellen, den Rest fein hacken. Alle diese Zutaten über den Tomatenscheiben verteilen. • Für die Marinade die beiden Essigsorten mit Salz und Pfeffer verrühren. Das Olivenöl teelöffelweise unterschlagen. • Die Marinade über den Salat träufeln. Mit den restlichen Basilikumblättern anrichten.

Gurkensalat mit Tofustreifen

Zutaten für 4 Portionen:
150 g Tofu · Saft von ½ Zitrone · einige Blätter frische Zitronenmelisse · Salz · weißer Pfeffer, frisch gemahlen · 1 Salatgurke (etwa 600 g) · 1 Teel. scharfer Senf · 2 Eßl. Sahne · 2 Eßl. Weißweinessig · 3 Eßl. Sonnenblumenöl · 1 Eßl. Petersilie, frisch gehackt
Pro Portion etwa 500 kJ/120 kcal
4 g Eiweiß · 9 g Fett · 5 g Kohlenhydrate · 2 g Ballaststoffe

● Zubereitungszeit einschließlich Ruhezeit: etwa 40 Minuten

So wird's gemacht: Den Tofu abtropfen lassen und erst in dünne Scheiben, dann in schmale Streifen schneiden. Den Tofu mit dem Zitronensaft in einer Schale mischen. Die Zitronenmelisse waschen, trockenschwenken, in feine Streifen schneiden und unterrühren. Den Tofu mit Salz

Feine Vorspeisen und Salate

und Pfeffer würzen und zugedeckt etwa 30 Minuten ziehen lassen. • Inzwischen die Salatgurke gründlich waschen oder schälen und auf der Rohkostreibe in feine Scheiben hobeln. • Für die Marinade den Senf mit der Sahne, dem Essig, Salz und Pfeffer verrühren. Das Sonnenblumenöl teelöffelweise unterschlagen. • Die Tofustreifen mit den Gurkenscheiben in einer Schüssel mischen. Die Marinade unterziehen und den Salat mit der Petersilie bestreut servieren.

Linsensalat mit Tofu und Frühlingszwiebeln

Zutaten für 4-6 Portionen:
150 g Tofu · 1 frische rote Pfefferschote ·
1 Lorbeerblatt · 1 Eßl. Sojasauce · 1 Eßl.
Zitronensaft · ⅛ l Gemüsebrühe, frisch gekocht oder aus Würfeln · 200 g braune Linsen · ¼ l Wasser · ¼ l trockener Weißwein oder Gemüsebrühe · einige Petersilienzweige · 1 Schalotte ·
1 Knoblauchzehe · 4 Eßl. Weißwein- oder Sherryessig · 1 gehäufter Teel. scharfer Senf ·
1 Messerspitze flüssiger Honig · Salz · schwarzer Pfeffer, frisch gemahlen · 3 Eßl. Weizenkeimöl ·
1 Bund Schnittlauch · 1 Bund Frühlingszwiebeln
Bei 6 Portionen pro Portion etwa 940 kJ/
220 kcal
11 g Eiweiß · 6 g Fett · 24 g Kohlenhydrate ·
2 g Ballaststoffe

- Vorbereitungszeit: etwa 15 Minuten
- Garzeit: etwa 1 Stunde

<u>So wird's gemacht:</u> Den Tofu abtropfen lassen, in Würfel von etwa 1 cm Größe schneiden und in eine Schüssel geben. Die Pfefferschote waschen, halbieren, vom Stielansatz und den brennendscharfen Kernen befreien und in schmale Streifen schneiden. • Die Pfefferschote mit dem Lorbeerblatt, der Sojasauce, dem Zitronensaft und der Gemüsebrühe in einen Topf geben und unter Rühren erhitzen. Die Mischung über den Tofu gießen und diesen, während die Linsen garen, zugedeckt ziehen lassen. • Die Linsen mit dem Wasser, dem Weißwein oder der Gemüsebrühe und den Petersilienstielen in einen Topf geben und zum Kochen bringen. Die Linsen dann zugedeckt bei mittlerer Hitze 50-60 Minuten kochen, bis sie weich sind, aber noch Biß haben. • Für die Salatsauce die Schalotte schälen und sehr fein hacken. Den Knoblauch ebenfalls schälen und durch die Knoblauchpresse drücken. Mit der Schalotte, dem Essig, dem Senf, dem Honig, Salz und Pfeffer verrühren.

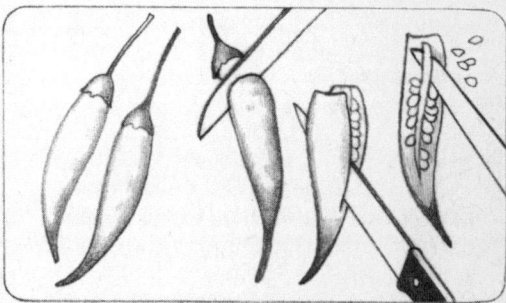

Die Pfefferschoten werden gewaschen, längs aufgeschnitten und von den brennend scharfen Kernen befreit.

Das Maiskeimöl teelöffelweise unterschlagen. •
Den Tofu mit der Marinade und der Salatsauce unter die gegarten Linsen mischen und auf der abgeschalteten Kochplatte darin erwärmen. •
Den Schnittlauch waschen, trockenschwenken und in feine Röllchen schneiden. Die Frühlingszwiebeln putzen, gründlich waschen und mit etwa zwei Dritteln des zarten Grüns in dünne Ringe schneiden. • Das Lorbeerblatt und die Petersilienstiele aus dem Linsensalat entfernen und den Salat mit dem Schnittlauch und den Frühlingszwiebeln bestreut servieren.

Feine Vorspeisen und Salate

Grüne-Bohnen-Salat mit Tomaten und Tofu

Zutaten für 4 Portionen:
300 g grüne Bohnen · 1 Bund Bohnenkraut · Salz · 200 g vollreife Tomaten · 1 milde weiße Zwiebel · 1 Teel. Kräutersenf · 2 Eßl. Weißwein- oder Kräuteressig · schwarzer Pfeffer, frisch gemahlen · 3 Eßl. Sonnenblumenöl · 100 g Tofu · 1 Bund Petersilie · 1 Stück unbehandelte Zitronenschale · 1 Eßl. Butter · 1 Eßl. Sonnenblumenkerne
Pro Portion etwa 660 kJ/160 kcal
5 g Eiweiß · 11 g Fett · 9 g Kohlenhydrate · 3 g Ballaststoffe

- Vorbereitungszeit: etwa 10 Minuten
- Garzeit: etwa 25 Minuten

So wird's gemacht: Die Bohnen waschen. Die Stiel- und die Blütenansätze abschneiden und dabei eventuell vorhandene Fäden mit abziehen. Größere Bohnen halbieren. Das Bohnenkraut kalt abspülen. • In einem Topf reichlich Salzwasser zum Kochen bringen. Die Bohnen und das Bohnenkraut hineingeben und etwa 12 Minuten sprudelnd kochen lassen, bis die Bohnen weich, aber noch bißfest sind. Die Bohnen in einem Sieb kalt abschrecken und abtropfen lassen. • Inzwischen die Tomaten waschen, abtrocknen und in kleine Würfel schneiden, dabei die Stielansätze entfernen. Die Zwiebel schälen und in dünne Ringe schneiden. Die Tomatenwürfel und die Zwiebelringe mit den Bohnen mischen. • Für die Marinade den Senf mit dem Essig, Salz und Pfeffer verrühren. Das Sonnenblumenöl teelöffelweise unterschlagen. • Die Marinade mit den Bohnen mischen und den Salat auf vier Teller verteilen. • Den Tofu abtropfen lassen und in dünne Streifen schneiden. Die Petersilie waschen, trockenschwenken und ohne die groben Stiele fein hacken. Die Zitronenschale in sehr feine Streifen schneiden. • Die Butter in einer Pfanne erhitzen. Die Tofustreifen mit der Zitronenschale dazugeben und unter Rühren anbraten, bis der Tofu leicht gebräunt ist. Dann die Sonnenblumenkerne hinzufügen und kurz mitbraten. • Den Tofu mit Salz und Pfeffer würzen, mit der Petersilie mischen und auf dem Bohnensalat verteilen. Den Salat sofort servieren.

Blattsalate mit Tofuwürfeln

Zutaten für 4 Portionen:
50 g Feldsalat · 4 große Blätter Radicchio · 100 g Eichblattsalat · 1 Bund Schnittlauch · 1 Teel. scharfer Kräutersenf · 2 Eßl. Himbeer- oder Weinessig · Salz · schwarzer Pfeffer, frisch gemahlen · 3 Eßl. kaltgepreßtes Olivenöl · 200 g Tofu · 2 Knoblauchzehen · 2 Eßl. Zitronensaft · 1 Eßl. Butter
Pro Portion etwa 560 kJ/130 kcal
4 g Eiweiß · 11 g Fett · 4 g Kohlenhydrate · 4 g Ballaststoffe

- Zubereitungszeit: etwa 30 Minuten

So wird's gemacht: Den Feldsalat verlesen und mehrmals gründlich in stehendem kaltem Wasser waschen, dann in einem Sieb abtropfen lassen. Den Radicchio und den Eichblattsalat von welken Stellen befreien, die Blätter ebenfalls gründlich waschen und abtropfen lassen. Größere Blätter etwas kleiner zupfen und mit dem Feldsalat mischen. Den Schnittlauch waschen, trockentupfen und in feine Röllchen schneiden. Den Salat auf vier Teller verteilen und den Schnittlauch darüber streuen. • Für die Marinade den Senf mit dem Essig verrühren. Mit Salz

Feine Vorspeisen und Salate

und Pfeffer würzen und das Olivenöl teelöffelweise unterschlagen. Die Marinade über den Salat träufeln. • Den Tofu abtropfen lassen und in etwa 1 cm große Würfel schneiden. Die Knoblauchzehen schälen und durch die Knoblauchpresse drücken. Den Knoblauch mit dem Zitronensaft in einem Schälchen mischen. • Die Butter in einer Pfanne erhitzen. Die Tofuwürfel hineingeben und von allen Seiten in etwa 5 Minuten knusprig braun anbraten. Den Knoblauch mit dem Zitronensaft dazugeben und kurz mitbraten. • Die Tofuwürfel über den Salat geben und diesen sofort servieren.

Marinierte Zucchini und Pilze mit Seidentofu

Zutaten für 4 Portionen:
300 g junge Zucchini · 300 g Austernpilze ·
2 Knoblauchzehen · 1 Bund Thymian · einige
Blätter frischer Estragon oder Zitronenmelisse ·
etwa ⅛ l kaltgepreßtes Olivenöl · Salz ·
schwarzer Pfeffer, frisch gemahlen · ½ Salatgurke (etwa 200 g) · ½ Bund Petersilie · 250 g
Seidentofu (Rezept Seite 8 oder fertig gekauft) ·
je 1 kräftige Prise Cayennepfeffer und
gemahlener Kreuzkümmel
Pro Portion etwa 1200 kJ/290 kcal
8 g Eiweiß · 23 g Fett · 9 g Kohlenhydrate ·
2 g Ballaststoffe

● Zubereitungszeit: etwa 1 Stunde
● Marinierzeit: etwa 5 Stunden

So wird's gemacht: Die Zucchini waschen, abtrocknen und von den Stiel- und Blütenansätzen befreien. Die Zucchini dann in etwa ½ cm dicke Scheiben schneiden. Die Austernpilze voneinander trennen und alle Schmutzreste sowie die zähen Stiele mit einem Messer entfernen. Die Pilze kurz unter fließendem kaltem Wasser abspülen und gründlich trockentupfen. Große Pilze halbieren oder vierteln. • 1 Knoblauchzehe schälen und sehr fein hacken. Die Kräuter waschen und trockenschwenken. Den Thymian von den Stielen streifen, den Estragon oder die Zitronenmelisse in feine Streifen schneiden. Den Knoblauch und die Kräuter mit etwa zwei Dritteln des Olivenöls in einer kleinen Schüssel mischen. • Das restliche Olivenöl nach und nach in einer großen Pfanne erhitzen und die Zucchini und die Austernpilze darin portionsweise von beiden Seiten schön braun braten. • Die Zucchini und die Austernpilze lagenweise in eine Form schichten, dabei jede Lage mit Salz und Pfeffer würzen und mit etwas Marinade beträufeln. • Das Gemüse mit einem Teller oder einer Platte abdecken und etwa 5 Stunden an einem kühlen Ort, jedoch nicht im Kühlschrank, durchziehen lassen. • Dann die restliche Knoblauchzehe schälen und durch die Knoblauchpresse in eine Schüssel drücken. Die Salatgurke schälen und auf der Rohkostreibe in die Schüssel raspeln. Die Petersilie waschen, trockenschwenken und die Blättchen fein hacken. • Die Petersilie und den Seidentofu in die Schüssel geben und alles gründlich verrühren. Die Creme mit Salz, Pfeffer, dem Cayennepfeffer und dem Kreuzkümmel pikant abschmecken. • Das marinierte Gemüse auf Teller verteilen und die Tofucreme gesondert dazu servieren.

Tofu selbst herstellen ist ganz einfach: Die eingeweichten Sojabohnen pürieren, die Masse durch ein Tuch gießen und gründlich auspressen. Die so hergestellte Sojamilch aufkochen und ein Gerinnungsmittel zufügen. Den Sojaquark in den Preßkasten füllen – nach dem Pressen ist der Tofu fertig und wird in kaltem Wasser aufbewahrt. Anleitung Seite 6. ▷

Sellerie-Möhren-Rohkost mit Tofudressing

Zutaten für 4 Portionen:
250 g junge Möhren · 250 g Stangen- oder Knollensellerie · 1 Bund Petersilie · 75 g Tofu · Saft von 1 Zitrone · 1 Teel. scharfer Senf · 1 Teel. flüssiger Honig · 2 Eßl. kaltgepreßtes Olivenöl · Salz · schwarzer Pfeffer, frisch gemahlen · ½ Kästchen Gartenkresse
Pro Portion etwa 420 kJ/100 kcal
3 g Eiweiß · 5 g Fett · 11 g Kohlenhydrate · 3 g Ballaststoffe

● Zubereitungszeit: etwa 30 Minuten

So wird's gemacht: Die Möhren putzen, schaben oder schälen und kalt abspülen, dann auf der Rohkostreibe fein raspeln. Den Stangensellerie ebenfalls putzen, waschen und in sehr dünne Scheiben schneiden. Oder den Knollensellerie schälen, waschen und auf der Rohkostreibe raspeln. Die Petersilie waschen, trockenschwenken und ohne die groben Stiele fein hacken. Alle diese Zutaten in einer Schüssel mischen. ● Für das Dressing den Tofu abtropfen lassen und mit einer Gabel fein zerdrücken. Den Zitronensaft, den Senf und den Honig unterrühren. Das Olivenöl nach und nach unterschlagen und alles mit Salz und Pfeffer pikant würzen. Das Dressing mit der Rohkost mischen. ● Die Kresse vom Beet schneiden, in einem Sieb kalt abspülen und trockentupfen. Den Salat damit bestreut servieren.

Das paßt dazu: Vollkornbrötchen mit Butter

Variante:
Radieschen-Spinat-Salat mit Tofudressing
2 Bund Radieschen putzen, waschen und fein raspeln. 300 g Blattspinat verlesen, von den groben Stielen befreien und gründlich waschen. Dann abtropfen lassen und in feine Streifen schneiden. Mit den Radieschen und 1 Eßlöffel Schnittlauchröllchen in einer Schüssel mischen. Für das Dressing 75 g Tofu abtropfen lassen, mit einer Gabel fein zerdrücken und mit dem Saft von ½ kleinen Zitrone, 1 Eßlöffel Joghurt, 1 Eßlöffel fein gehackten Walnußkernen, 1 Teelöffel scharfem Senf und etwas Sojasauce verrühren. 1½ Eßlöffel kaltgepreßtes Olivenöl teelöffelweise unterrühren. Das Dressing mit Salz, frisch gemahlenem weißem Pfeffer, 1 Messerspitze flüssigem Honig und 1 Prise Kreuzkümmel abschmecken und mit dem Salat mischen. Den Salat mit 1 Eßlöffel frisch gehackter Petersilie bestreut servieren.

Mein Tip Für die Dressings eignen sich Seidentofu und nicht zu fest gepreßter Tofu besonders gut.

◁ Tofuwürfel, Tomatenscheiben und Basilikumblätter geben dem Tomatensalat mit Tofu die appetitlichen Farben. Rezept Seite 13.

Kräftige Suppen

Klare Brühe mit Algen und Tofu

Zutaten für 4 Portionen:
20 g getrocknete Iziki-Algen · 1 l Gemüsebruhe, frisch gekocht oder aus Würfeln · 175 g junge Möhren · 150 g Tofu · 1½ Eßl. Zitronensaft · eventuell etwas Salz
Pro Portion etwa 280 kJ/70 kcal
6 g Eiweiß · 3 g Fett · 8 g Kohlenhydrate · 1 g Ballaststoffe

- Vorbereitungszeit: etwa 20 Minuten
- Garzeit: etwa 20 Minuten

So wird's gemacht: Die Algen in einem Sieb unter fließendem kaltem Wasser gründlich abspülen. Dann in eine Schüssel geben, mit lauwarmem Wasser übergießen und etwa 15 Minuten quellen lassen. • Die Gemüsebrühe zum Kochen bringen. Die Algen in einem Sieb abtropfen lassen, in die Gemüsebrühe geben und bei mittlerer Hitze zugedeckt etwa 15 Minuten köcheln lassen. • Inzwischen die Möhren putzen, schaben oder schälen und kalt abspülen. Dann in schmale Stifte schneiden. Den Tofu abtropfen lassen und in kleine Würfel von etwa ½ cm Größe schneiden. • Die Möhrenstifte am Ende der Garzeit für die Algen in die Suppe geben und etwa 3 Minuten darin garen. Dann die Tofuwürfel hinzufügen und nur in der Brühe erwärmen. • Die Suppe mit dem Zitronensaft und eventuell etwas Salz abschmecken und sofort servieren.

Variante: Klare Brühe mit Pilzen und Tofu
15 g getrocknete Mu-Err-Pilze in etwa ¼ l lauwarmem Wasser etwa 2 Stunden einweichen. 150 g Tofu abtropfen lassen, in dünne Streifen schneiden, in einer Schüssel mit 2 Eßlöffeln Sojasauce mischen und ebenfalls 2 Stunden ziehen lassen. Dann die Pilze gründlich kalt abspülen, abtropfen lassen und in Streifen schneiden. 1 l Gemüsebrühe zum Kochen bringen. Die Pilze hineingeben und etwa 5 Minuten bei mittlerer Hitze darin köcheln lassen. Inzwischen 1 Bund Frühlingszwiebeln putzen, gründlich waschen und in feine Ringe schneiden. 1 Bund Petersilie waschen, trockenschwenken und ohne die groben Stiele fein hacken. Die Frühlingszwiebeln mit den Tofustreifen in die Suppe geben und nur darin erwärmen. Die Suppe mit 1–2 Eßlöffeln Zitronensaft und eventuell noch etwas Sojasauce abschmecken und mit der Petersilie bestreut sofort servieren.

Tomatensuppe mit Tofu

Zutaten für 2 Portionen:
500 g vollreife Tomaten · 1 Schalotte · 1 Knoblauchzehe · 1 Eßl. Olivenöl · ¼ l Gemüsebrühe, frisch gekocht oder aus Würfeln · 1 Bund Thymian · ½ Bund Basilikum · 150 g Tofu · Salz · weißer Pfeffer, frisch gemahlen · 1 Messerspitze flüssiger Honig
Pro Portion etwa 700 kJ/170 kcal
9 g Eiweiß · 8 g Fett · 14 g Kohlenhydrate · 5 g Ballaststoffe

- Vorbereitungszeit: etwa 20 Minuten
- Garzeit: etwa 15 Minuten

So wird's gemacht: Die Tomaten mit kochendheißem Wasser überbrühen, kurz darin ziehen lassen, kalt abschrecken und häuten. Das Tomatenfleisch in kleine Würfel schneiden, dabei die Stielansätze und die Kerne entfernen. Die Schalotte und die Knoblauchzehe schälen und fein hacken. • Das Olivenöl in einem Topf erhitzen und die Schalotte und den Knoblauch darin glasig braten. Die Tomaten dazugeben und unter Rühren kurz anschmoren. Die Gemüsebrühe

Kräftige Suppen

dazugießen und zum Kochen bringen. Die Suppe zugedeckt bei schwacher Hitze 8–10 Minuten köcheln lassen. • Inzwischen die Kräuter waschen und trockenschwenken. Die Thymianblättchen von den Stielen streifen, die Basilikumblätter in feine Streifen schneiden. Den Tofu abtropfen lassen und in kleine Würfel schneiden. • Den Tofu mit der Tomatensuppe im Mixer pürieren oder durch ein Sieb streichen. Die Suppe wieder in den Topf geben und noch einmal erhitzen. Die Tomatensuppe mit Salz, Pfeffer und dem Honig pikant abschmecken, mit den Kräutern mischen und sofort servieren.

Grüne Erbsensuppe mit Tofucreme

Zutaten für 2 Portionen:
½ l Gemüsebrühe, frisch gekocht oder aus Würfeln · 1 Paket tiefgefrorene Erbsen (300 g) · 100 g Tofu · Salz · weißer Pfeffer, frisch gemahlen · 1 Prise Kreuzkümmel · 2 Eßl. gemischte Kräuter (zum Beispiel Zitronenmelisse, Thymian, Salbei, Petersilie und Borretsch), frisch gehackt
Pro Portion etwa 740 kJ/180 kcal
14 g Eiweiß · 4 g Fett · 20 g Kohlenhydrate · 7 g Ballaststoffe

● Zubereitungszeit: etwa 20 Minuten

So wird's gemacht: Die Gemüsebrühe in einem Topf zum Kochen bringen. Die Erbsen dazugeben und etwa 2 Minuten darin garen. • Etwa ein Drittel der Erbsen mit einem Schaumlöffel herausheben und auf einem Teller beiseite stellen. • Den Tofu abtropfen lassen und in kleine Würfel schneiden. Dann mit den restlichen Erbsen und der Brühe im Mixer fein pürieren. • Die Suppe wieder in den Topf geben und noch einmal erwärmen. Die ganzen Erbsen wieder untermischen und alles mit Salz, Pfeffer und dem Kreuzkümmel pikant abschmecken. Die Erbsensuppe mit den Kräutern verrühren und sofort servieren.

Gemüsesuppe mit Tofuklößchen

Zutaten für 4 Portionen:
1 Knoblauchzehe · ½ Bund Dill · 200 g Tofu · 1 Eßl. Sojasauce · 1 kleines Ei · 1 Eigelb · 1 Eßl. ungesalzene Pistazienkerne, frisch gemahlen · 1 Eßl. Bergkäse oder Emmentaler Käse, frisch gerieben · etwa 2 Eßl. Weizenvollkornmehl, frisch gemahlen · Salz · schwarzer Pfeffer, fein gemahlen · ½ Teel. abgeriebene unbehandelte Zitronenschale · 1 kleiner Kohlrabi · 100 g junge Möhren · 1 rote Paprikaschote · 200 g Broccoli · 1¼ l Gemüsebrühe, frisch gekocht oder aus Würfeln · 1 Bund Schnittlauch
Pro Portion etwa 820 kJ/200 kcal
13 g Eiweiß · 8 g Fett · 15 g Kohlenhydrate · 5 g Ballaststoffe

● Vorbereitungszeit: etwa 40 Minuten
● Garzeit: etwa 10 Minuten

So wird's gemacht: Den Knoblauch schälen und durch die Presse drücken. Den Dill waschen, trockenschwenken und ohne die groben Stiele fein hacken. Den Tofu abtropfen lassen, mit einer Gabel sehr fein zerdrücken und mit dem Knoblauch, dem Dill, der Sojasauce, dem Ei, dem Eigelb, den Pistazien, dem Käse und dem Weizenmehl in einer Schüssel mischen. Die Masse mit den Händen so lange verkneten, bis ein glatter, formbarer Teig entsteht. Sollte der Teig zu weich sein, noch etwas Mehl untermischen. • Den Teig mit Salz, Pfeffer und der Zi-

Kräftige Suppen

tronenschale abschmecken und zu etwa walnußgroßen Bällchen formen. Diese zugedeckt beiseite stellen. • Den Kohlrabi schälen, von allen holzigen Stellen befreien, kurz waschen und in Stifte schneiden. Die Möhren putzen, schaben oder schälen und ebenfalls in Stifte schneiden. Die Paprikaschote waschen, vom Stielansatz und allen Trennwänden mit den Kernen befreien und in schmale Streifen schneiden. Den Broccoli waschen und die Röschen abtrennen. Die Stiele schälen und in kleine Stücke schneiden. • Die Gemüsebrühe in einem großen Topf erhitzen. Die Tofuklößchen hineingeben und bei schwacher bis mittlerer Hitze 5 Minuten in der Brühe ziehen lassen. Dann das Gemüse dazugeben und alles weitere 5 Minuten garen, bis das Gemüse bißfest ist. • Inzwischen den Schnittlauch kalt abspülen, trockenschwenken und in feine Röllchen schneiden. Die Suppe damit bestreuen und sofort servieren.

Scharfe Paprikasuppe

Zutaten für 4 Portionen:
Je 1 große rote, grüne und gelbe Paprikaschote · 1 Zwiebel · 1 Knoblauchzehe · 1 Eßl. Olivenöl · 1 l Gemüsebrühe, frisch gekocht oder aus Würfeln · Salz · 1–2 Teel. Rosenpaprikapulver · 2–3 Teel. Paprikapulver, edelsüß · 200 g Tofu · 2–3 Eßl. saure Sahne · 1 Eßl. Petersilie, frisch gehackt
Pro Portion etwa 520 kJ/120 kcal
7 g Eiweiß · 7 g Fett · 8 g Kohlenhydrate · 2 g Ballaststoffe

- Vorbereitungszeit: etwa 25 Minuten
- Garzeit: etwa 10 Minuten

So wird's gemacht: Die Paprikaschoten waschen und halbieren. Die Stielansätze und alle Trennwände mit den Kernen entfernen und die Schoten in Würfel von etwa 1½ cm Größe schneiden. Die Zwiebel und die Knoblauchzehe schälen und fein hacken. • Das Olivenöl in einem großen Topf erhitzen. Die Zwiebel und den Knoblauch darin glasig braten. Die Paprikaschoten dazugeben und kurz mitbraten. • Die Gemüsebrühe angießen und zum Kochen bringen. Die Suppe mit Salz und dem Paprikapulver abschmecken und zugedeckt bei mittlerer Hitze etwa 8 Minuten garen, bis die Paprikawürfel bißfest sind. • Inzwischen den Tofu abtropfen lassen und in Würfel von etwa 1 cm Größe schneiden. Den Tofu dann in die Suppe geben und nur darin erwärmen. Die saure Sahne unterrühren und die Suppe eventuell noch einmal mit Salz und Paprikapulver abschmecken. Die Suppe mit der Petersilie bestreut servieren.

Pilzsuppe mit Petersilie

Zutaten für 2 Portionen:
½ unbehandelte Zitrone · 1 Knoblauchzehe · 100 g Tofu · 1 Schalotte · 300 g Champignons oder Egerlinge · 1 Eßl. Butter · ½ l Gemüsebrühe, frisch gekocht oder aus Würfeln · 1 Bund Petersilie · Salz · weißer Pfeffer, frisch gemahlen · 1 Prise Cayennepfeffer
Pro Portion etwa 700 kJ/170 kcal
9 g Eiweiß · 10 g Fett · 10 g Kohlenhydrate · 3 g Ballaststoffe

- Vorbereitungszeit einschließlich Marinierzeit: etwa 2 Stunden und 10 Minuten
- Garzeit: etwa 15 Minuten

So wird's gemacht: Die Zitrone heiß waschen und abtrocknen. Die Schale dünn abschneiden und sehr fein hacken. Die Zitrone dann auspressen. Die Knoblauchzehe schälen und durch die Presse drücken. Den Tofu abtropfen lassen, in Würfel von etwa ½ cm Größe schneiden und

Kräftige Suppen

mit der Zitronenschale, dem Knoblauch und der Hälfte des Zitronensaftes in einem Schälchen mischen. Den Tofu zugedeckt etwa 2 Stunden marinieren. • Dann die Schalotte schälen und fein hacken. Die Pilze putzen, gegebenenfalls kurz kalt abspülen und in dünne Scheiben schneiden. Die Pilze mit dem restlichen Zitronensaft mischen, damit sie sich nicht braun verfärben. • Die Butter in einem Topf erhitzen. Die Schalotte darin unter Rühren glasig braten. Die Pilze dazugeben und unter ständigem Rühren bei schwacher Hitze einige Minuten anbraten. • Dann die Gemüsebrühe angießen und zum Kochen bringen. Inzwischen die Petersilie waschen, trockenschwenken und ohne die groben Stiele fein hacken. • Die Tofuwürfel mit der Marinade in die Suppe geben und nur darin erwärmen. Die Suppe mit Salz, Pfeffer und dem Cayennepfeffer abschmecken und mit der Petersilie bestreut sofort servieren.

Dann die Kichererbsen mit der Gemüsebrühe zum Kochen bringen und zugedeckt bei schwacher Hitze etwa 2 Stunden köcheln lassen. • Den Tofu abtropfen lassen, in Würfel von etwa 1 cm Größe schneiden und in einem Schälchen mit dem Zitronensaft und dem Koriander mischen. Den Tofu zugedeckt ziehen lassen, bis die Kichererbsen gegart sind. • Kurz vor Ende der Garzeit den Spinat verlesen, von den groben Stielen befreien und in stehendem kaltem Wasser mehrmals gründlich waschen. Den Spinat abtropfen lassen und in Streifen schneiden. Die Knoblauchzehe schälen und durch die Presse drücken. Die Petersilie waschen, trockenschwenken und ohne die groben Stiele fein hacken. • Den Tofu einschließlich der Marinierflüssigkeit, den Spinat und den Knoblauch zu den Kichererbsen geben und etwa 2 Minuten mitgaren, bis der Spinat zusammengefallen und der Tofu heiß ist. • Die Suppe mit Salz und Pfeffer abschmecken und mit der Petersilie bestreuen.

Kichererbsensuppe mit Spinat und Tofu

Zutaten für 4 Portionen:
200 g Kichererbsen · 1 l Gemüsebrühe, frisch gekocht oder aus Würfeln · 150 g Tofu · Saft von 1 Zitrone · 1 Teel. Koriander, gemahlen · 400 g Blattspinat · 1 Knoblauchzehe · 1 Bund Petersilie · Salz · weißer Pfeffer, frisch gemahlen
Pro Portion etwa 1100 kJ/260 kcal
17 g Eiweiß · 5 g Fett · 35 g Kohlenhydrate · 2 g Ballaststoffe

- Quellzeit: etwa 8 Stunden
- Zubereitungszeit: etwa 2 Stunden

So wird's gemacht: Die Kichererbsen in einer Schüssel mit der Gemüsebrühe übergießen und zugedeckt etwa 8 Stunden quellen lassen. •

Hirsesuppe mit Sellerie und Tofu

Bild Seite 48

Zutaten für 4 Portionen:
150 g Tofu · 2 Eßl. Sojasauce · 100 g Hirse · 1 Zwiebel · 1 Knoblauchzehe · 2 Eßl. Sonnenblumenöl · 1 l Gemüsebrühe, frisch gekocht oder aus Würfeln · 150 g Stangensellerie · 2 Tomaten (etwa 200 g) · Salz · weißer Pfeffer, frisch gemahlen · 1 Bund Petersilie
Pro Portion etwa 870 kJ/210 kcal
9 g Eiweiß · 8 g Fett · 24 g Kohlenhydrate · 4 g Ballaststoffe

- Vorbereitungszeit einschließlich Marinierzeit: etwa 1¼ Stunden
- Garzeit: etwa 40 Minuten

Kräftige Suppen

So wird's gemacht: Den Tofu abtropfen lassen, in Würfel von etwa 1 cm Größe schneiden, in einem Schälchen mit der Sojasauce mischen und zugedeckt etwa 1 Stunde marinieren. • Dann die Hirse in einem Sieb unter fließendem lauwarmem Wasser abspülen und gründlich abtropfen lassen. Die Zwiebel und die Knoblauchzehe schälen und fein hacken. • Das Sonnenblumenöl erhitzen und die Zwiebel und den Knoblauch darin glasig braten. Die Hirse dazugeben und unter Rühren mitbraten, bis sie vom Öl überzogen ist. • Die Gemüsebrühe angießen und zum Kochen bringen. Die Hirse zugedeckt bei schwacher Hitze etwa 25 Minuten köcheln lassen. • Inzwischen den Stangensellerie waschen, putzen, die harten Fasern abziehen und die Stangen in dünne Streifen schneiden. Die Tomaten mit kochendheißem Wasser überbrühen, kurz darin ziehen lassen, kalt abschrecken und häuten. Die Tomaten klein würfeln, dabei die Stielansätze entfernen. • Den Sellerie zur Hirse geben und alles weitere 3 Minuten garen. Die Tomaten untermischen und erhitzen. • Den Tofu zur Suppe geben und darin erwärmen. Die Suppe mit Salz und Pfeffer abschmecken. • Die Petersilie waschen, trockenschwenken und ohne die groben Stiele fein hacken. Die Suppe damit bestreuen und sofort servieren.

Misosuppe mit Gemüse und Tofu

Zutaten für 2 Portionen:
1 kleiner Zucchino (etwa 80 g) · 1 kleine Möhre (etwa 80 g) · 100 g Tofu · ½ l milde Gemüsebrühe (siehe Tip) · 1 Frühlingszwiebel · ½ Bund Dill · ½–¾ Eßl. Mugi-Miso (siehe Tip)
Pro Portion etwa 400 kJ/95 kcal
7 g Eiweiß · 3 g Fett · 8 g Kohlenhydrate · 1 g Ballaststoffe

• Zubereitungszeit: etwa 15 Minuten

So wird's gemacht: Den Zucchino waschen, von Stiel- und Blütenansatz befreien und in dünne, etwa 2 cm lange Stifte schneiden. Die Möhre schälen, waschen und ebenfalls in Stifte teilen. Den Tofu abtropfen lassen und sehr klein würfeln. • Die Gemüsebrühe zum Kochen bringen. Das Gemüse und den Tofu hineingeben und bei mittlerer Hitze etwa 5 Minuten garen, bis das Gemüse bißfest ist. • Inzwischen die Frühlingszwiebel putzen, waschen und mit etwa zwei Dritteln des zarten Grüns in feine Ringe schneiden. Den Dill waschen, trockenschwenken und ohne die groben Stiele fein hacken. • Den Topf vom Herd ziehen und die Zwiebelringe unter die Suppe mischen. Das Miso unterrühren. Die Suppe darf jetzt nicht mehr kochen. • Die Suppe mit dem Dill bestreut sofort servieren.

> **Mein Tip** Mugi-Miso wird aus Sojabohnenpaste, Gerste, Wasser, Salz und einem Fermentierungsmittel hergestellt. Bevor es in den Handel kommt, muß es 1–2 Jahre reifen. Außer Mugi-Miso gibt es bei uns im Handel noch Hatcho-Miso, das nur aus Sojabohnen hergestellt wird, und Genmai-Miso aus Reis und Sojabohnen.
>
> Da Miso – je nach Sorte unterschiedlich – salzhaltig ist, sollten Sie für Misosuppe immer selbstgekochte, milde Gemüsebrühe verwenden. Gemüsebrühe aus Würfeln ist zu stark gewürzt.

Herzhafte Hauptgerichte

Pfannengerührtes Gemüse mit Tofu

Zutaten für 2 Portionen:
100 g Tofu · ½ frische grüne Pfefferschote ·
1 Knoblauchzehe · 1 Eßl. Kokosflocken · ½ Eßl.
Haselnußmus · 1½ Eßl. Zitronensaft · 1 kleine
Zwiebel · 1 Stange Staudensellerie (etwa 100 g) ·
1 Zucchino (etwa 100 g) · 100 g Champignons ·
1 rote Paprikaschote · 1–2 Eßl. Sonnenblumen-
öl · 1 Eßl. trockener Sherry oder Orangensaft ·
⅛ l Gemüsebrühe, frisch gekocht oder aus
Würfeln · Salz · weißer Pfeffer, frisch gemahlen ·
1 Eßl. Petersilie, frisch gehackt
Pro Portion etwa 1000 kJ/240 kcal
8 g Eiweiß · 15 g Fett · 19 g Kohlenhydrate ·
4 g Ballaststoffe

- Vorbereitungszeit einschließlich Marinierzeit: etwa 2 Stunden
- Garzeit: etwa 10 Minuten

So wird's gemacht: Den Tofu abtropfen lassen und in Würfel von etwa ½ cm Größe schneiden. Die Pfefferschote putzen, waschen, von den brennendscharfen Kernen befreien und fein hacken. Die Knoblauchzehe schälen und ebenfalls fein hacken. Den Tofu mit der Pfefferschote, dem Knoblauch, den Kokosflocken, dem Nußmus und 1 Eßlöffel Zitronensaft in einer Schüssel mischen und zugedeckt etwa 2 Stunden ziehen lassen. • Etwa 30 Minuten vor Ende der Marinierzeit die Zwiebel schälen und fein hacken. Den Staudensellerie waschen, putzen und die harten Fasern abziehen. Den Sellerie in dünne Streifen schneiden. Den Zucchino waschen, von Blüten- und Stielansatz befreien und in Stifte schneiden. Die Champignons putzen, gegebenenfalls ganz kurz kalt abspülen und blättrig schneiden. Die Pilze sofort mit dem restlichen Zitronensaft beträufeln, damit sie sich nicht braun verfärben. Die Paprikaschote waschen, halbieren, vom Stielansatz und den Trennwänden mit den Kernen befreien und in schmale Streifen schneiden. • Die Hälfte des Sonnenblumenöls erhitzen und die Zwiebel darin glasig braten. Das restliche Öl dazugießen, den Sellerie und die Paprikastreifen in die Pfanne geben und unter Rühren etwa 1 Minute anbraten. Die Zucchinistifte und die Champignons ebenfalls hinzufügen und bei starker Hitze so lange braten, bis die Flüssigkeit, die sich dabei bildet, wieder verdampft ist. • Den Tofu, den Sherry oder Orangensaft und die Gemüsebrühe dazugeben und das Gemüse zugedeckt bei schwacher Hitze etwa 3 Minuten garen, bis es bißfest ist. • Das Gemüse mit Salz und Pfeffer abschmecken und mit der Petersilie bestreut servieren.

<u>Das paßt dazu:</u> körnig gegarter Naturreis

Variante:
Gemüse mit Mungobohnensprossen und Tofu
150 g Tofu abtropfen lassen und in kleine Würfel schneiden. Mit 1 geschälten und zerdrückten Knoblauchzehe, 1 Eßlöffel Zitronensaft und 1–2 Eßlöffeln Sojasauce mischen und zugedeckt etwas durchziehen lassen. Je 100 g Fenchel, Wirsing, Broccoli und Möhren putzen, waschen und grob zerkleinern, beziehungsweise die Möhren in Stifte schneiden. 100 g Mungobohnensprossen in einem Sieb kalt abspülen und abtropfen lassen. 1 Zwiebel, 1 Knoblauchzehe und 1 Stück frischen Ingwer von etwa 1 cm Länge schälen, sehr fein hacken und in 1 Eßlöffel Sonnenblumenöl glasig braten. Das Gemüse dazugeben und unter Rühren etwa 5 Minuten braten. Die Mungobohnensprossen untermischen, ⅛ l Sojamilch oder Gemüsebrühe dazugießen, das Gemüse mit Salz, frisch gemahlenem weißem Pfeffer und 1 kräftigen Prise Cayennepfeffer abschmecken und zugedeckt bei schwacher Hitze weitere 5 Minuten garen,

bis es bißfest ist. Inzwischen den Tofu abtropfen lassen. Die Marinade unter das Gemüse mischen, den Tofu darauf verteilen und alles, ohne umzurühren, so lange garen, bis der Tofu heiß ist.

Tofuklößchen mit Rote-Bete-Gemüse

Bild nebenstehend

Zutaten für 2 Portionen:
2 rote Bete (etwa 400 g) · 1 Eßl. Sonnenblumenöl · ¼ l Gemüsebrühe, frisch gekocht oder aus Würfeln · Salz · schwarzer Pfeffer, frisch gemahlen · ½ Bund Dill · 200 g Tofu · 1 Eigelb · 1-2 Eßl. Meerrettich, frisch gerieben · 1-2 Eßl. Weizenvollkornmehl, frisch gemahlen · 1 Prise gemahlener Kümmel · 1 Bund Schnittlauch · 2 Eßl. saure Sahne
Pro Portion etwa 1300 kJ/310 kcal
14 g Eiweiß · 13 g Fett · 30 g Kohlenhydrate · 7 g Ballaststoffe

● Zubereitungszeit: etwa 40 Minuten

So wird's gemacht: Die roten Beten schälen, waschen, halbieren und in dünne Scheiben schneiden. • Das Sonnenblumenöl in einem Topf erhitzen. Die roten Beten dazugeben und unter Rühren kurz anbraten. Dann die Hälfte der Gemüsebrühe angießen, die roten Beten mit Salz und Pfeffer abschmecken und zugedeckt bei schwacher Hitze etwa 20 Minuten garen. •

Mein Tip Rote Bete geben beim Schälen viel rote Farbe ab, die sich nur schwer wieder abwaschen läßt. Sie sollten deshalb mit Gummihandschuhen arbeiten.

Inzwischen für die Klößchen den Dill waschen, trockenschwenken und ohne die groben Stiele fein hacken. Den Tofu abtropfen lassen, mit einer Gabel sehr fein zerdrücken und mit dem Dill, dem Eigelb, dem Meerrettich und dem Mehl in einer Schüssel mischen. Die Masse mit den Händen zu einer formbaren, gut gebundenen Masse verkneten. Sollte der Teig zu weich sein, noch etwas Mehl unterarbeiten. • Den Teig mit Salz und dem Kümmel abschmecken und zu etwa walnußgroßen Bällchen formen. • Die restliche Gemüsebrühe zum Kochen bringen. Die Tofuklößchen hineinlegen und bei sehr schwacher Hitze zugedeckt etwa 10 Minuten köcheln lassen. Dabei einmal vorsichtig wenden. Die Klößchen dann mit einem Schaumlöffel herausheben und zugedeckt warm halten. • Den Schnittlauch waschen, trockenschwenken und in feine Röllchen schneiden. Den Schnittlauch mit der sauren Sahne mischen. • Das Rote-Bete-Gemüse noch einmal mit Salz und Pfeffer abschmecken und mit den Tofuklößchen auf vorgewärmten Tellern anrichten. Die Schnittlauchcreme zu dem Rote-Bete-Gemüse reichen.

Das paßt dazu: Pellkartoffeln oder auch Vollkornbrötchen

In einer neuen reizvollen Variante präsentiert sich Tofu in Form von Tofu-Meerrettichklößchen mit Rote-Bete-Gemüse. Rezept auf dieser Seite.

Herzhafte Hauptgerichte

Gebratener Tofu in Zitronensauce

Bild nebenstehend

Zutaten für 2 Portionen:
1 Schalotte · etwa 10 Blättchen frischer Salbei · 300 g Tofu · Salz · Cayennepfeffer · 1 Eßl. Butter · 100 g Crème fraîche · Saft von ½ kleinen Zitrone
Pro Portion etwa 1400 kJ/330 kcal
12 g Eiweiß · 27 g Fett · 9 g Kohlenhydrate · 0 g Ballaststoffe

- Vorbereitungszeit: etwa 10 Minuten
- Garzeit: etwa 15 Minuten

So wird's gemacht: Die Schalotte schälen und fein hacken. Den Salbei waschen, trockentupfen und in feine Streifen schneiden. Den Tofu abtropfen lassen und in Würfel von etwa 1 cm Größe schneiden. Die Würfel mit Salz und Cayennepfeffer würzen. • Die Butter in einer Pfanne erhitzen, aber nicht braun werden lassen. Die Tofuwürfel dazugeben und unter Wenden in 5–8 Minuten rundherum knusprig braun anbraten. • Die Tofuwürfel dann herausnehmen und zugedeckt warm halten. Die Schalotte und den Salbei in das Bratfett geben und unter Rühren anbraten, bis die Schalotte glasig ist. Die Crème fraîche und den Zitronensaft dazugießen und die Sauce unter Rühren bei starker Hitze etwas einkochen lassen. • Die Sauce mit Salz und Cayennepfeffer abschmecken, die Tofuwürfel wieder dazugeben und sofort servieren.

Das paßt dazu: körnig gegarter Naturreis

Variante:
Gebratener Tofu in Sahne-Kräutersauce
300 g Tofu abtropfen lassen und in Würfel von etwa 1 cm Größe schneiden. Den Tofu mit Salz und frisch gemahlenem weißem Pfeffer würzen und in 1 Eßlöffel Maiskeimöl rundherum braun anbraten. Dann herausnehmen und zugedeckt warm halten. 1 geschälte, gehackte Zwiebel und 1 durchgepreßte Knoblauchzehe im Bratfett glasig braten. ⅛ l Sahne angießen und unter Rühren bei starker Hitze etwas einkochen lassen. 2 Eßlöffel gemischte, frisch gehackte Kräuter (zum Beispiel Petersilie, Zitronenmelisse und Thymian) unterrühren und die Sauce mit Salz, weißem Pfeffer und 1 Prise geriebener Muskatnuß abschmecken. Die Tofuwürfel wieder hineingeben und sofort servieren.

Gebratener Tofu mit Gemüsereis

Bild Umschlag-Vorderseite

Zutaten für 4 Portionen:
300 g Tofu · 3½ Eßl. Sojasauce · 1 Schalotte · 1 Knoblauchzehe · 2 Eßl. Sonnenblumenöl · 250 g Natur-Langkornreis · ½ l Gemüsebrühe, frisch gekocht oder aus Würfeln · 1 kleiner Zucchino (etwa 100 g) · 1 Möhre (etwa 80 g) · 100 g Blattspinat · 3 Eßl. ungeschälte Sesamsamen · 1 kräftige Prise Cayennepfeffer · 1 Eßl. Butter · Salz · weißer Pfeffer, frisch gemahlen · 1 Bund Petersilie
Pro Portion etwa 1800 kJ/430 kcal
15 g Eiweiß · 16 g Fett · 56 g Kohlenhydrate · 1 g Ballaststoffe

◁ Der Gebratene Tofu findet mit der pikant-frischen Zitronensauce eine äußerst wohlschmeckende Ergänzung. Rezept auf dieser Seite.

Herzhafte Hauptgerichte

- Vorbereitungszeit einschließlich Marinierzeit: etwa 2 Stunden
- Garzeit: etwa 50 Minuten

So wird's gemacht: Den Tofu abtropfen lassen und in etwa 1 cm dicke Scheiben schneiden. Den Tofu in eine flache Schale legen, mit 3 Eßlöffeln Sojasauce beträufeln und zugedeckt etwa 2 Stunden ziehen lassen; die Scheiben dabei einige Male wenden. • Dann die Schalotte und den Knoblauch schälen und sehr fein hacken. Die Hälfte des Öls in einem Topf erhitzen und die Zwiebel und den Knoblauch darin unter Rühren glasig braten. Den Reis hinzufügen und mitbraten, bis er vom Öl überzogen ist. Die Gemüsebrühe angießen und zum Kochen bringen. Den Reis dann zugedeckt bei sehr schwacher Hitze in etwa 45 Minuten körnig ausquellen lassen. • Inzwischen den Zucchino und die Möhre putzen, waschen und in dünne, kurze Stifte schneiden. Den Spinat verlesen, von den dicken Stielen befreien und mehrmals in stehendem kaltem Wasser gründlich waschen. Den Spinat abtropfen lassen und in Streifen schneiden. • Die Tofuscheiben aus der Sojasauce heben. Die Sesamsamen auf einem Teller verteilen. Die Tofuscheiben mit dem Cayennepfeffer würzen und in den Sesamsamen wälzen. • Die Butter in einer Pfanne erhitzen, aber nicht braun werden lassen. Die Tofuscheiben hineingeben und in etwa 5 Minuten goldbraun braten, dabei einmal wenden. Die Tofuscheiben herausnehmen und zugedeckt im Backofen warm halten. • Das restliche Öl erhitzen. Das vorbereitete Gemüse dazugeben und unter Rühren einige Minuten anbraten. Das Gemüse mit der restlichen Sojasauce, wenig Salz und Pfeffer abschmecken und unter den Reis mischen. • Die Petersilie waschen, trockenschwenken und ohne die groben Stiele fein hacken. Den Reis mit der Petersilie mischen und zu den Tofuscheiben servieren.

Das paßt dazu: ein bunt gemischter Salat

Süßsaures Gemüse mit Tofu

Zutaten für 2 Portionen:
1 Stück frische Ingwerwurzel (etwa 1 cm lang) · 1 Knoblauchzehe · 150 g Tofu · 1 Eßl. Zitronensaft · 100 g grüne Bohnen · 100 g Möhren · 150 g Broccoli · ½ kleiner säuerlicher Apfel · ½ feste Banane · 1 Aprikose · 1 Schalotte · 1 Eßl. Weizenkeimöl · 1 Eßl. ungeschälte Sesamsamen · ⅛ l Gemüsebrühe, frisch gekocht oder aus Würfeln · ½ Bund Thymian · Salz · weißer Pfeffer, frisch gemahlen · 1 Eßl. Kräuteressig
Pro Portion etwa 1100 kJ/260 kcal
12 g Eiweiß · 10 g Fett · 32 g Kohlenhydrate · 8 g Ballaststoffe

- Vorbereitungszeit einschließlich Marinierzeit: etwa 2 Stunden
- Garzeit: etwa 15 Minuten

So wird's gemacht: Den Ingwer und die Knoblauchzehe schälen und sehr fein hacken. Den Tofu abtropfen lassen und in Würfel von etwa 1 cm Größe schneiden. Mit dem Ingwer, dem Knoblauch und dem Zitronensaft in einem Schälchen mischen und zugedeckt etwa 2 Stunden ziehen lassen. • Etwa 30 Minuten vor Ende der Marinierzeit die Bohnen waschen, putzen und gegebenenfalls halbieren. Die Möhren schaben oder schälen, waschen und in feine Stifte schneiden. Vom Broccoli die Röschen abschneiden. Die Stiele schälen und in kleine Stücke schneiden, mit den Röschen waschen und abtropfen lassen. Den Apfel waschen, einmal durchschneiden, vom Kerngehäuse befreien und in dünne Schnitze schneiden. Die Banane in Scheiben teilen. Die Aprikose waschen, halbieren, entsteinen und grob würfeln. Die Schalotte schälen und fein hacken. • Das Öl in einer

Herzhafte Hauptgerichte

Pfanne erhitzen und die Sesamsamen darin unter Rühren anrösten, bis sie würzig duften. Dann die Schalotte dazugeben und glasig braten. Das Gemüse hinzufügen und unter Rühren kurz mitbraten. • Die Gemüsebrühe angießen und das Gemüse zugedeckt bei schwacher Hitze etwa 5 Minuten garen. • Den Tofu und das Obst dazugeben und alles weitere 5 Minuten garen, bis das Gemüse bißfest ist. • Inzwischen den Thymian kalt abspülen, trockentupfen und die Blättchen von den Stielen streifen. Den Thymian zum Gemüse geben und alles mit Salz, Pfeffer und dem Essig abschmecken. Das süßsaure Gemüse sofort servieren.

Das paßt dazu: körnig gegarter Naturreis

Spitzkohlrouladen mit Tofu

Zutaten für 6 Portionen:
1 Kopf Spitzkohl (etwa 1 kg) · Salz · 200 g vollreife Tomaten · 1 rote Bete (etwa 200 g) · 1 Bund Petersilie · 50 g Walnußkerne · 150 g Tofu · schwarzer Pfeffer, frisch gemahlen · ½ Teel. abgeriebene unbehandelte Zitronenschale · 2 Eßl. Sonnenblumenöl · knapp ¼ l Gemüsebrühe, frisch gekocht oder aus Würfeln · 100 g Sahne · einige Blätter frische Zitronenmelisse und Salbei
Pro Portion etwa 920 kJ/220 kcal
7 g Eiweiß · 15 g Fett · 14 g Kohlenhydrate ·
7 g Ballaststoffe

- Vorbereitungszeit: etwa 1 Stunde
- Garzeit: etwa 35 Minuten

<u>So wird's gemacht:</u> Den Spitzkohl putzen und die äußeren welken Blätter entfernen. Den Strunk herausschneiden und den Spitzkohl waschen. • Den Kohl in reichlich sprudelnd kochendem Salzwasser etwa 5 Minuten kochen lassen, bis sich die äußeren Blätter ablösen lassen. • Den Spitzkohl dann kalt abschrecken und 12 große Blätter ablösen. Den restlichen Spitzkohl wieder in das Wasser geben und weitere 5 Minuten kochen. Dann herausnehmen, abschrecken und abtropfen lassen. • Die Tomaten mit kochendheißem Wasser überbrühen, kurz darin ziehen lassen und kalt abschrecken. Die Tomaten häuten und in kleine Würfel schneiden, dabei die Stielansätze herausschneiden.

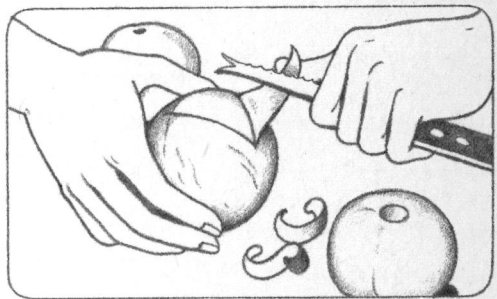

Wenn Sie die Tomaten kurz mit kochendem Wasser überbrühen, können Sie die Haut ganz leicht abziehen.

Die rote Bete waschen und schälen, dann auf der Rohkostreibe fein raspeln. Die Petersilie waschen, trockenschwenken und ohne die groben Stiele fein hacken. Die Walnußkerne mit einem großen schweren Messer oder dem Zwiebelhacker grob hacken. Den Tofu abtropfen lassen und in sehr kleine Würfel schneiden. • Den abgetropften Spitzkohlkopf fein hacken. Mit den Tomaten, der roten Bete, der Petersilie, den Walnüssen und dem Tofu mischen und die Masse mit Salz, Pfeffer und der Zitronenschale pikant abschmecken. • Die abgelösten Spitzkohlblätter auf der Arbeitsfläche ausbreiten und je zwei Blätter übereinanderlegen. Die Füllung auf den Blättern verteilen, die Blätter an den Seiten etwas einschlagen und aufrollen. Die

Herzhafte Hauptgerichte

Rouladen mit Küchengarn umwickeln. • Das Öl in einem Schmortopf erhitzen. Die Rouladen darin rundherum kräftig anbraten, dann die Gemüsebrühe angießen. • Die Rouladen bei schwacher Hitze zugedeckt etwa 30 Minuten schmoren. Dann herausnehmen und warm halten. • Die Sahne unter die Schmorflüssigkeit mischen und alles unter häufigem Umrühren bei starker Hitze etwas einkochen lassen. Die Zitronenmelisse und den Salbei waschen, trockentupfen und fein hacken. Die Sauce mit den Kräutern, Salz und Pfeffer abschmecken und getrennt zu den Spitzkohlrouladen servieren.

Das paßt dazu: Naturreis oder Pellkartoffeln

Mein Tip Wenn Sie keinen Spitzkohl bekommen, können Sie die Rouladen auch mit Wirsing zubereiten.

Tofuklößchen auf provenzalische Art

Zutaten für 4 Portionen:
2 Knoblauchzehen · 1 Bund Thymian · 300 g Tofu · 50 g Pinienkerne · 1 Eßl. Parmesan, frisch gerieben · 1 Ei · etwa 2 Eßl. Weizenvollkornmehl, frisch gemahlen · Salz · weißer Pfeffer, frisch gemahlen · 1 Teel. abgeriebene unbehandelte Zitronenschale · 1 kleine Aubergine · 400 g Tomaten · 300 g Zucchini · 1 Zwiebel · ⅛ l Gemüsebrühe, frisch gekocht oder aus Würfeln · 4 Eßl. Olivenöl · ½ Eßl. frische Rosmarinnadeln · ½ Eßl. Zitronensaft
Pro Portion etwa 1400 kJ/330 kcal
14 g Eiweiß · 22 g Fett · 20 g Kohlenhydrate · 5 g Ballaststoffe

- Vorbereitungszeit: etwa 50 Minuten
- Garzeit: etwa 20 Minuten

So wird's gemacht: Die Knoblauchzehen schälen und durch die Knoblauchpresse drücken. Den Thymian waschen, trockenschwenken und die Blättchen von den Stielen streifen. Den Tofu abtropfen lassen und mit einer Gabel sehr fein zerdrücken. Die Pinienkerne fein mahlen. • Den Tofu mit dem Knoblauch, dem Thymian, den Pinienkernen, dem Parmesan, dem Ei und dem Vollkornmehl in einer Schüssel mischen und mit den Händen so lange verkneten, bis der Teig formbar und gut gebunden ist. Sollte der Teig zu weich sein, noch etwas Mehl unterarbeiten. • Den Teig mit Salz, Pfeffer und der Zitronenschale abschmecken und zu etwa walnußgroßen Bällchen formen. Die Bällchen zugedeckt beiseite stellen. • Die Aubergine waschen, abtrocknen und vom Stielansatz befreien. Die Aubergine grob würfeln, mit Salz bestreuen und zugedeckt etwa 10 Minuten ziehen lassen. • Inzwischen die Tomaten mit kochendheißem Wasser überbrühen, kurz darin ziehen lassen, kalt abschrecken und häuten. Die Tomaten grob würfeln, dabei die Stielansätze entfernen. Die Zucchini waschen, von Stiel- und Blütenansätzen befreien und in etwa ½ cm dicke Scheiben schneiden. Die Zwiebel schälen und fein hakken. • Für die Tofuklößchen die Gemüsebrühe in einem Topf erhitzen. Die Tofuklößchen hineingeben und bei schwacher Hitze darin etwa 10 Minuten garen, dabei einmal wenden. Die Klößchen dann aus der Brühe heben und zugedeckt warm halten. • Das Öl in einem Topf erhitzen. Die Auberginenwürfel mit Küchenpapier trockentupfen und unter Rühren im Öl rundherum braun anbraten. Die Zucchinischeiben dazugeben und kurz mitbraten. Die Zwiebel ebenfalls dazugeben und glasig braten. Die Tomaten untermischen und die Gemüsebrühe von den Tofuklößchen angießen. • Die Rosmarinnadeln waschen, unter das Gemüse mischen und das Gemüse zugedeckt bei mittlerer Hitze in etwa 5 Minuten bißfest garen. • Das Gemüse mit Salz, Pfeffer und dem Zitronensaft abschmecken, dann die Tofuklößchen daraufgeben und noch einmal kurz heiß werden lassen. Sofort servieren.

Das paßt dazu: körnig gegarter Naturreis

Fladenbrote mit Tofu-Gemüseragout

Zutaten für 4 Portionen:
350 g Weizenvollkornmehl, frisch gemahlen · 150 g Buchweizenmehl, frisch gemahlen · Salz · weißer Pfeffer, frisch gemahlen · 2 Teel. gemahlener Kreuzkümmel · 200 g zimmerwarme Buttermilch · knapp 200 ccm lauwarmes Wasser · 250 g Tofu · 2 Fleischtomaten (etwa 400 g) · 250 g Blattspinat · 1 Fenchelknolle · 1 Zwiebel · 1 Knoblauchzehe · 1 Stück frischer Ingwer (etwa 1 cm lang) · 1 Eßl. Maiskeimöl · 1 Eßl. Zitronensaft · 2 Eßl. Crème fraîche · 1 Prise gemahlener Koriander · einige Blättchen frische Zitronenmelisse
Für die Arbeitsfläche: Weizen, fein gemahlen
Pro Portion etwa 2600 kJ/620 kcal
26 g Eiweiß · 11 g Fett · 99 g Kohlenhydrate
13 g Ballaststoffe

- Vorbereitungszeit: etwa 15 Minuten
- Ruhezeit: etwa 8 Stunden
- Zubereitungszeit: etwa 1¾ Stunden

So wird's gemacht: Für den Teig die beiden Mehlsorten mit 1 Prise Salz, Pfeffer und 1 Teelöffel Kreuzkümmel in einer Schüssel mischen. Die Buttermilch mit dem Wasser verquirlen und dazugießen. • Alles mit den Knethaken des Handrührgerätes zu einem geschmeidigen, glatten Teig verkneten. Den Teig zu einer Kugel formen und in Pergamentpapier gewickelt etwa 8 Stunden oder auch über Nacht bei Zimmertemperatur ruhen lassen. • Dann den Tofu abtropfen lassen und in winzige Würfel schneiden. Die Tomaten mit kochendheißem Wasser überbrühen, kurz darin ziehen lassen, kalt abschrecken und häuten. Die Tomaten in kleine Würfel schneiden und dabei den Stielansatz herausschneiden. Den Blattspinat verlesen, von den dicken Stielen befreien und in stehendem kaltem Wasser mehrmals gründlich waschen. Dann abtropfen lassen und grob hacken. Den Fenchel putzen, waschen und in schmale Streifen schneiden. Das Fenchelgrün fein hacken. Die Zwiebel und den Knoblauch schälen und ebenfalls fein hacken. Den Ingwer schälen und in dünne Scheiben schneiden. • Alle diese Zutaten zugedeckt beiseite stellen. • Für die Fladen den Teig in 16 Stücke teilen. Die Stücke noch einmal durchkneten und auf der leicht bemehlten Arbeitsfläche dünn ausrollen. • Den Backofen auf 50° vorheizen. • Eine schwere Pfanne (möglichst aus Gußeisen) erhitzen, aber nicht zu heiß werden lassen. • Die Teigfladen darin ohne Fettzugabe von beiden Seiten bei mittlerer bis schwacher Hitze braten, bis sie schön gebräunt sind und Blasen werfen. Die gebackenen Fladen im Backofen warm halten. • Wenn alle Fladen gebacken sind, das Öl in einem größeren Topf erhitzen. Die Zwiebel, den Knoblauch und den Ingwer hinzufügen und so lange braten, bis die Zwiebel und der Knoblauch glasig sind. Den Fenchel dazugeben und unter Rühren einige Minuten mitbraten. • Dann die Tomaten, den Spinat, das Fenchelgrün und den Tofu dazuge-

Mein Tip Die Fladen können Sie auch zu anderen Gerichten statt Vollkornbrötchen als Beilage servieren.

ben, den Zitronensaft und die Crème fraîche untermischen und das Gemüse mit Salz, Pfeffer, dem restlichen Kreuzkümmel und dem Koriander abschmecken. Das Gemüse zugedeckt bei schwacher bis mittlerer Hitze etwa 5 Minuten garen. • Inzwischen die Zitronenmelisse waschen, trockentupfen und in schmale Streifen schneiden. • Das Tofu-Gemüseragout mit der Zitronenmelisse mischen und zu den Fladen servieren.

Vollkornspaghetti mit Tofuragout

Zutaten für 2-3 Portionen:
1 frische rote Pfefferschote · 1 Schalotte ·
1 Knoblauchzehe · 150 g Tofu · Salz · 1 Eßl.
Sonnenblumenöl · 150 g frische ausgepalte oder tiefgefrorene Erbsen · 100 ccm Gemüsebrühe, frisch gekocht oder aus Würfeln · ⅛ l Sahne ·
250 g Vollkornspaghetti · ½ Bund Petersilie ·
1 Teel. Zitronensaft · 1 Prise Muskatnuß, frisch gerieben
Bei 3 Portionen pro Portion etwa 2200 kJ/ 520 kcal
21 g Eiweiß · 21 g Fett · 64 g Kohlenhydrate · 10 g Ballaststoffe

• Zubereitungszeit: etwa 35 Minuten

So wird's gemacht: Die Pfefferschote waschen und halbieren. Die Schalotte und die Knoblauchzehe schälen und fein hacken. Den Tofu abtropfen lassen und mit einer Gabel grob zerdrücken. • Für die Nudeln reichlich Salzwasser zum Kochen bringen. • Das Öl in einem Topf erhitzen. Die Schalotte und den Knoblauch darin glasig braten. Die Erbsen, die Pfefferschote und den Tofu hinzufügen und kurz mitbraten. • Die Gemüsebrühe und die Sahne angießen und das Gemüse zugedeckt bei schwacher Hitze etwa 10 Minuten garen. • Inzwischen die Vollkornspaghetti in das sprudelnd kochende Salzwasser geben und »al dente« garen. • Die Petersilie waschen, trockenschwenken und ohne die groben Stiele fein hacken. • Das Tofuragout mit Salz, dem Zitronensaft und dem Muskat abschmecken. Die Pfefferschotenhälften aus dem Ragout nehmen und die Petersilie untermischen. • Die Spaghetti in ein Sieb abgießen und abtropfen lassen. • Die Nudeln auf vorgewärmten Tellern verteilen, mit dem Ragout bedecken und sofort servieren.

Das paßt dazu: ein bunt gemischter Salat

Variante:
Weizenkeimnudeln mit Tofu-Tomatensauce
400 g vollreife Tomaten mit kochendheißem Wasser überbrühen, kurz darin ziehen lassen, kalt abschrecken und häuten. Die Tomaten in kleine Würfel schneiden und dabei die Stielansätze entfernen. 150 g Tofu abtropfen lassen und in Würfel von etwa ½ cm Größe schneiden.
1 Zwiebel und 1 Knoblauchzehe schälen und fein hacken. Etwa 10 frische Salbeiblätter waschen, trockentupfen und in feine Streifen schneiden. Die Zwiebel, den Knoblauch und den Salbei in 1 Eßlöffel Sonnenblumenöl glasig braten. Die Tomaten dazugeben und bei schwacher Hitze etwa 10 Minuten ohne Deckel einkochen lassen. Inzwischen 250 g Weizenkeim-Bandnudeln in reichlich sprudelnd kochendem Salzwasser »al dente« garen. Den Tofu unter die Tomaten mischen und die Sauce mit Salz, frisch gemahlenem schwarzem Pfeffer und 1 kräftigen Prise Cayennepfeffer pikant abschmecken. Die Nudeln abgießen und sofort mit der Sauce bedeckt servieren. Dazu frisch geriebenen Parmesankäse reichen.

Herzhafte Hauptgerichte

Gefüllte Tofuschnitten

Zutaten für 2 Portionen:
¼ Fenchelknolle (etwa 100 g) · 1 Knoblauchzehe · 1 Stück unbehandelte Zitronenschale · einige Zweige frischer Thymian · einige Blätter frischer Salbei · Salz · schwarzer Pfeffer, frisch gemahlen · 250 g Tofu · 1 Teel. gemahlener Kreuzkümmel · 1–2 Eßl. Weizenkleie oder Haselnußkerne, fein gemahlen · 2 Eßl. Maiskeimöl · ½ Bund Schnittlauch
Pro Portion etwa 970 kJ/230 kcal
12 g Eiweiß · 14 g Fett · 12 g Kohlenhydrate · 6 g Ballaststoffe

- Vorbereitungszeit: etwa 30 Minuten
- Garzeit: etwa 10 Minuten

So wird's gemacht: Den Fenchel von allen welken Stellen und dem Strunk befreien, waschen und mit dem Fenchelgrün sehr fein hacken. Die Knoblauchzehe schälen und durch die Knoblauchpresse drücken. Die Zitronenschale in sehr feine Streifen schneiden. Die Kräuter waschen und trockentupfen. Den Thymian von den Stielen streifen, den Salbei in dünne Streifen schneiden. Alle diese Zutaten miteinander mischen und mit Salz und Pfeffer pikant abschmecken. • Den Tofu abtropfen lassen und der Länge nach einmal durchschneiden. Jede Scheibe von der Längsseite her noch einmal so tief einschneiden, daß eine Tasche entsteht. Dabei darauf achten, daß man den Tofu nicht ganz durchtrennt. • Die Fenchelfüllung in die Tofutaschen füllen. Die Öffnungen etwas zusammendrücken und die Taschen jeweils mit einem Stück Küchengarn zusammenbinden, damit die Füllung beim Braten nicht austreten kann. • Die Tofuschnitten mit Salz und dem Kreuzkümmel würzen und rundherum in der Weizenkleie oder den Haselnüssen wälzen. • Das Maiskeimöl in einer Pfanne erhitzen. Die Tofuscheiben darin bei mittlerer Hitze zugedeckt von jeder Seite etwa 5 Minuten braten, bis sie schön gebräunt sind. • Inzwischen den Schnittlauch waschen, trockenschwenken und in feine Röllchen schneiden. • Die Tofutaschen mit dem Schnittlauch bestreut servieren.

Das paßt dazu: Vollkornbrötchen und ein bunt gemischter Salat

Tofupflänzchen mit Sellerie und Haselnüssen

Zutaten für 2 Portionen:
1 Möhre (etwa 50 g) · 1 kleine Stange Lauch (etwa 100 g) · 1 Knoblauchzehe · 1 Bund Petersilie · 150 g Tofu · 1–2 Eßl. altbackenes Vollkornbrot, fein gerieben · 1 kleines Ei · Salz · weißer Pfeffer, frisch gemahlen · 2 Eßl. Haselnußkerne · 1 Stück Knollensellerie (etwa 150 g) · 1½ Eßl. Sonnenblumenöl · 125 g Sahne · 1 Teel. Zitronensaft
Pro Portion etwa 2000 kJ/450 kcal
14 g Eiweiß · 38 g Fett · 18 g Kohlenhydrate · 3 g Ballaststoffe

- Vorbereitungszeit: etwa 30 Minuten
- Garzeit: etwa 15 Minuten

So wird's gemacht: Die Möhre schaben oder schälen, putzen und waschen. Dann auf der Gemüsereibe fein raspeln. Den Lauch putzen, gründlich waschen und mit etwa zwei Dritteln des Grüns fein hacken. Den Knoblauch schälen und durch die Knoblauchpresse drücken. Die Petersilie waschen, trockenschwenken und ohne die groben Stiele fein hacken. • Den Tofu abtropfen lassen und mit einer Gabel fein zerdrüken. • Den Tofu mit dem Gemüse, der Petersilie, dem geriebenen Brot und dem Ei in einer

Herzhafte Hauptgerichte

Schüssel mischen und mit den Händen zu einem geschmeidigen Teig verkneten. Sollte der Teig zu weich sein, noch etwas geriebenes Brot unterarbeiten. Den Teig mit Salz und Pfeffer abschmecken. • Die Haselnußkerne mit einem großen schweren Messer oder dem Zwiebelhakker fein hacken. Den Sellerie schälen, waschen und auf der Gemüsereibe fein raspeln. Das Selleriegrün (von jungem Sellerie) waschen, trockentupfen und fein hacken. • Etwa 1 Eßlöffel Öl in einer Pfanne erhitzen. Aus der Tofumasse 6 kleine Pflänzchen formen und diese im Öl bei mittlerer Hitze auf jeder Seite etwa 5 Minuten braten, bis sie schön gebräunt sind. • Die Pflänzchen herausnehmen und zugedeckt warm halten. • Das restliche Öl in der Pfanne erhitzen. Die Nüsse und den Sellerie mit dem Selleriegrün hineingeben und unter Rühren kurz anbraten. Die Sahne dazugießen und untermischen. • Die Pfanne vom Herd ziehen, den Sellerie mit Salz, Pfeffer und dem Zitronensaft abschmecken und zu den Tofupflänzchen servieren.

Das paßt dazu: gemischter Salat und Vollkornbrot

Gemüse-Tofu-Pflänzchen

Bild nebenstehend

Zutaten für 4 Portionen:
1 Kohlrabiknolle (etwa 300 g) · 200 g junge Möhren · 200 g Lauch/Porree · 2 Knoblauchzehen · 1 Stück unbehandelte Zitronenschale · 1 Bund Thymian · einige Blättchen frischer Estragon · 250 g Tofu · 1 Ei · etwa 4 Eßl. altbackenes Vollkornbrot, fein gerieben · Salz · weißer Pfeffer, frisch gemahlen · je 1 Prise Muskatnuß, frisch gerieben und gemahlener Kreuzkümmel · 2 Eßl. Sonnenblumenöl

Pro Portion etwa 700 kJ/170 kcal
9 g Eiweiß · 8 g Fett · 13 g Kohlenhydrate
3 g Ballaststoffe

● Vorbereitungszeit: etwa 30 Minuten
● Garzeit: etwa 10 Minuten

So wird's gemacht: Den Kohlrabi und die Möhren schälen, waschen und auf der Rohkostreibe sehr fein raspeln. Den Lauch putzen, waschen und fein hacken. Die Knoblauchzehen schälen und durch die Presse drücken. Die Zitronenschale in hauchdünne Streifen schneiden. Die Kräuter waschen und trockentupfen. Die Thymianblättchen von den Stielen streifen, den Estragon fein hacken. • Den Tofu abtropfen lassen und mit einer Gabel sehr fein zerdrücken. Den Tofu mit dem Gemüse, dem Knoblauch, der Zitronenschale, den Kräutern, dem Ei und dem geriebenen Vollkornbrot in eine Schüssel geben und mit den Händen zu einem geschmeidigen Teig verkneten. Sollte der Teig zu weich sein, noch etwas Brot unterarbeiten. Den Teig mit Salz, Pfeffer, dem Muskat und dem Kreuzkümmel kräftig abschmecken und daraus etwa 12 gleich große Pflänzchen formen. • Das Öl in einer Pfanne erhitzen. Die Tofupflänzchen hineingeben und bei mittlerer Hitze auf jeder Seite etwa 5 Minuten braten, bis sie schön gebräunt sind.

Das paßt dazu: Fladenbrote (Rezept Seite 33) und ein bunt gemischter Salat

Gemüse-Tofu-Pflänzchen sind würzig und saftig und enthalten viel pflanzliches Eiweiß. Rezept auf dieser Seite. ▷

Grünkerntopf mit Tofuwürfeln

Zutaten für 4–5 Portionen:
200 g Tofu · 2 Eßl. Sojasauce · 1 l Gemüsebrühe, frisch gekocht oder aus Würfeln · 120 g Grünkern · 400 g Stangensellerie · einige Blätter frischer Estragon · 1 Bund Schnittlauch · Salz · schwarzer Pfeffer, frisch gemahlen
Bei 5 Portionen pro Portion etwa 640 kJ/ 150 kcal
8 g Eiweiß · 3 g Fett · 21 g Kohlenhydrate · 2 g Ballaststoffe

● Zubereitungszeit: etwa 1¼ Stunden

So wird's gemacht: Den Tofu abtropfen lassen, in Würfel von etwa 1 cm Größe schneiden und in einer Schüssel mit der Sojasauce mischen. Den Tofu zugedeckt ziehen lassen. ● Die Gemüsebrühe zum Kochen bringen. Den Grünkern dazugeben und einmal aufkochen. Den Grünkern dann bei schwacher Hitze zugedeckt etwa 1 Stunde köcheln lassen. ● Kurz vor Ende der Garzeit den Stangensellerie putzen, von den harten Fasern befreien, waschen und in feine Scheiben schneiden. Den Estragon waschen, trockentupfen und in Streifen schneiden. Den Schnittlauch ebenfalls waschen, trockenschwenken und in Röllchen schneiden. ● Die Tofuwürfel mit der Sojasauce, dem Sellerie und dem Estragon zum Grünkern geben und alles etwa 3 Minuten weitergaren, bis der Sellerie bißfest ist. ● Den Eintopf mit Salz und Pfeffer abschmecken und mit dem Schnittlauch bestreut sofort servieren.

◁ Zusammen mit Pellkartoffeln ergibt die Tofu-Kräutercreme eine köstliche leichte Hauptmahlzeit. Rezept Seite 11.

Geschmorter Dinkel mit Tofu

Zutaten für 4 Portionen:
200 g Dinkel · 400 ccm Wasser · 200 g vollreife Tomaten · 200 g Zucchini · 1 Bund Frühlingszwiebeln · 2 Knoblauchzehen · einige frische Salbeiblätter · 200 g Tofu · 2 Eßl. Maiskeimöl · 1 Eßl. Butter · 4 Eßl. trockener Rotwein oder Gemüsebrühe, frisch gekocht oder aus Würfeln · Salz · schwarzer Pfeffer, frisch gemahlen · 1 Teel. Zitronensaft · 1 Eßl. Petersilie, frisch gehackt
Pro Portion etwa 1400 kJ/330 kcal
12 g Eiweiß · 11 g Fett · 44 g Kohlenhydrate · 3 g Ballaststoffe

● Zubereitungszeit einschließlich Quellzeit: etwa 2¼ Stunden

So wird's gemacht: Den Dinkel mit dem Wasser in einen Topf geben und zum Kochen bringen. Die Hitze dann reduzieren und den Dinkel zugedeckt etwa 1 Stunde garen. ● Dann den Topf vom Herd ziehen und den Dinkel 1 weitere Stunde ausquellen lassen. ● Gegen Ende der Quellzeit die Tomaten mit kochendheißem Wasser überbrühen, kurz darin ziehen lassen, kalt abschrecken und häuten. Die Tomaten in kleine Würfel schneiden, dabei die Stielansätze entfernen. Die Zucchini waschen, von Stiel- und Blütenansätzen befreien und ebenfalls in Würfel schneiden. Die Frühlingszwiebeln putzen, waschen und mit etwa zwei Dritteln des zarten Grüns in schmale Ringe schneiden. Den Knoblauch schälen und fein hacken. Die Salbeiblätter waschen, trockentupfen und in Streifen schneiden. Den Tofu abtropfen lassen und in Würfel von etwa ½ cm Größe schneiden. ● Die Hälfte des Öls mit der Butter in einem Topf erhitzen. Die Salbeiblätter und die Zucchiniwürfel dazugeben und unter Rühren braten, bis die Zucchi-

Herzhafte Hauptgerichte

ni schön gebräunt sind. Den Knoblauch dazugeben und glasig braten. • Den Dinkel, die Tomaten und die Frühlingszwiebeln untermischen, den Rotwein oder die Gemüsebrühe angießen und alles zugedeckt etwa 5 Minuten schmoren lassen. • Inzwischen das restliche Öl in einer Pfanne erhitzen. Den Tofu mit Salz und Pfeffer würzen und in dem Öl rundherum knusprig braun braten. • Den Dinkel mit Salz, Pfeffer und dem Zitronensaft abschmecken. • Die Petersilie und die Tofuwürfel darüber verteilen und den geschmorten Dinkel in einer vorgewärmten Schüssel sofort servieren.

Tofuragout mit Radicchio und Mandeln

Zutaten für 2 Portionen:
1 kleine Zwiebel · 6 Blätter Radicchio (etwa 50 g) · 1½ Eßl. Mandeln (etwa 30 g) · 250 g Tofu · Salz · weißer Pfeffer, frisch gemahlen · 1½ Eßl. Maiskeimöl · 200 g Sahne · 1 kräftige Prise Muskatnuß, frisch gerieben · 1 Eßl. Schnittlauchröllchen
Pro Portion etwa 2400 kJ/570 kcal
15 g Eiweiß · 51 g Fett · 14 g Kohlenhydrate · 1 g Ballaststoffe

- Vorbereitungszeit: etwa 15 Minuten
- Garzeit: etwa 10 Minuten

<u>So wird's gemacht:</u> Die Zwiebel schälen und sehr fein hacken. Die Radicchioblätter waschen, von der harten Mittelrippe befreien und trockentupfen. Die Blätter einmal längs halbieren, dann in schmale Streifen schneiden. Die Mandeln mit einem großen schweren Messer grob hacken. • Den Tofu abtropfen lassen und in Würfel von etwa 1 cm Größe schneiden. Die Würfel mit Salz und Pfeffer würzen. • 1 Eßlöffel

Öl in einer Pfanne erhitzen und die Tofuwürfel darin bei mittlerer Hitze unter häufigem Wenden knusprig braun braten. Die Würfel dann herausnehmen und zugedeckt warm halten. • Das restliche Öl in der Pfanne erhitzen. Die Zwiebel und die Mandeln dazugeben und unter Rühren braten, bis die Zwiebel glasig ist. • Die Sahne angießen und unter Rühren etwas einkochen lassen, bis sie cremig ist. Die Radicchiostreifen untermischen und etwa 3 Minuten in der Sahne garen. Das Gemüse mit Salz, Pfeffer und dem Muskat abschmecken und den Tofu wieder untermischen. • Das Tofuragout mit dem Schnittlauch bestreut sofort servieren.

Bunte Gemüseplatte mit Tofusaucen

Zutaten für 4 Portionen:
je 1 Bund Schnittlauch und Petersilie · einige Blätter frische Pfefferminze · 1 Knoblauchzehe · 1 unbehandelte Zitrone · 1 Stück frischer Ingwer (etwa 1 cm lang) · 300 g Tofu · etwa 200 ccm Sojamilch · Salz · weißer Pfeffer, frisch gemahlen · 1 Prise gemahlener Kreuzkümmel · 1–2 Teel. Currypulver · 1 Kohlrabi · je 200 g Broccoli, junge Möhren, rote Paprikaschoten, Blattspinat und Stangensellerie · Zitronenscheiben und Petersilienblättchen zum Garnieren
Pro Portion etwa 720 kJ/170 kcal
13 g Eiweiß · 4 g Fett · 20 g Kohlenhydrate · 7 g Ballaststoffe

- Vorbereitungszeit: etwa 50 Minuten
- Garzeit: etwa 10 Minuten

<u>So wird's gemacht:</u> Die Kräuter waschen und trockenschwenken. Den Schnittlauch in feine Röllchen schneiden, die Petersilie von den groben Stielen befreien und mit der Pfefferminze

fein hacken. Die Knoblauchzehe schälen und durch die Knoblauchpresse drücken. Die Zitrone heiß waschen und abtrocknen. Die Hälfte der Schale abschneiden und in sehr feine Streifen schneiden. Die Zitrone dann auspressen. Den Ingwer schälen und auf der Rohkostreibe fein reiben. • Den Tofu abtropfen lassen, in Würfel schneiden und mit der Sojamilch (etwa 2 Eßlöffel davon zurückbehalten) im Mixer fein pürieren. Die Hälfte davon mit den Kräutern, dem Knoblauch, der Zitronenschale und der restlichen Sojamilch verrühren und mit Salz, Pfeffer und dem Kreuzkümmel abschmecken. • Die restliche Tofumasse mit dem Ingwer verrühren und mit dem Zitronensaft, Salz, Pfeffer und dem Currypulver abschmecken. Die beiden Saucen zugedeckt beiseite stellen. • Den Kohlrabi schälen, waschen und von allen holzigen Stellen befreien, dann halbieren und in Scheiben schneiden. Den Broccoli waschen und die Röschen abtrennen. Die Stiele schälen und in mundgerechte Stücke schneiden. Die Möhren putzen, schälen oder schaben und waschen. Die Möhren einmal längs durchschneiden. Die Paprikaschoten waschen, halbieren und von Stielansatz und Trennwänden mit den Kernen befreien. Die Schotenhälften dann noch einmal längs teilen. Den Blattspinat verlesen, von den groben Stielen befreien, in stehendem kaltem Wasser gründlich waschen und abtropfen lassen. Vom Stangensellerie die harten Fasern abziehen, die Stangen waschen und in etwa 3 cm lange Stücke schneiden. Das Selleriegrün waschen und beiseite legen. • In einem großen Topf reichlich Salzwasser zum Kochen bringen. Das Gemüse bis auf den Spinat hineingeben und etwa 4 Minuten kochen lassen, herausnehmen und in einem Sieb abtropfen lassen. Den Spinat in das Wasser geben und nur zusammenfallen lassen. Dann ebenfalls herausnehmen und abtropfen lassen. • Das Gemüse auf einer vorgewärmten Platte verteilen, mit Salz und Pfeffer bestreuen und mit Zitronenscheiben, Petersilienblättchen und dem Selleriegrün garnieren. Die Tofusaucen getrennt dazu reichen.

Risotto mit Spinat, Pilzen und Tofu

Zutaten für 4 Portionen:
1 Schalotte · 1 Knoblauchzehe · 1–2 Eßl. Olivenöl · 350 g Natur-Rundkornreis · etwa 800 ccm Gemüsebrühe, frisch gekocht oder aus Würfeln · Salz · weißer Pfeffer, frisch gemahlen · 200 g Blattspinat · 150 g Champignons oder Egerlinge · Saft und Schale von ½ kleinen unbehandelten Zitrone · 200 g Tofu · 1 Eßl. Maiskeimöl · 75 g Parmesankäse, frisch gerieben · 1 Eßl. Petersilie, frisch gehackt
Pro Portion etwa 2300 kJ/550 kcal
20 g Eiweiß · 16 g Fett · 72 g Kohlenhydrate · 2 g Ballaststoffe

● Zubereitungszeit: etwa 50 Minuten

So wird's gemacht: Die Schalotte und die Knoblauchzehe schälen und fein hacken. • Das Öl in einem Topf erhitzen und die Schalotte und

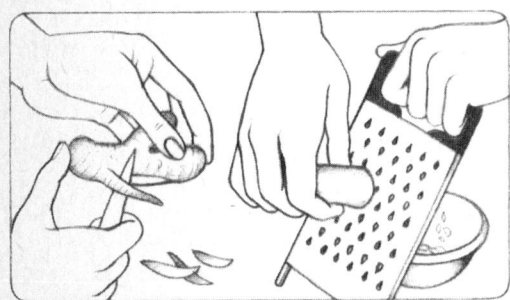

Schälen Sie die Ingwerwurzel wie eine Kartoffel und reiben Sie sie auf der Rohkostreibe oder hacken Sie sie ganz fein.

Herzhafte Hauptgerichte

den Knoblauch darin unter Rühren bei mittlerer Hitze glasig braten. Den Reis hinzufügen und mitbraten, bis er vom Fett überzogen ist. • Die Hälfte der Gemüsebrühe dazugießen und den Reis mit wenig Salz und Pfeffer würzen. Die Gemüsebrühe aufkochen lassen, dann den Reis bei schwacher Hitze etwa 40 Minuten garen. Dabei immer wieder etwas Gemüsebrühe angießen, sobald der Reis die Flüssigkeit aufgesogen hat, und den Reis mit einer Gabel durchrühren, damit er schön sämig wird. • Inzwischen den Blattspinat verlesen, von groben Stielen befreien und in stehendem kaltem Wasser mehrmals gründlich waschen. Den Spinat gründlich abtropfen lassen und in Streifen schneiden. Die Pilze putzen, gegebenenfalls ganz kurz unter kaltem Wasser abspülen und in Scheiben schneiden. Die Pilze sofort mit dem Zitronensaft und der -schale mischen, damit sie sich nicht verfärben. • Den Tofu abtropfen lassen und in Würfel von etwa ½ cm Größe schneiden. Das Maiskeimöl erhitzen und die Tofuwürfel darin in etwa 5 Minuten von allen Seiten knusprig braun braten. • Die Pilze hinzufügen und ebenfalls braten. Den Spinat untermischen und nur zusammenfallen lassen. • Das Tofuragout mit dem Parmesan unter den gegarten Reis mischen und den Risotto mit Salz und Pfeffer abschmecken. Den Risotto mit der Petersilie bestreut servieren.

Weizen-Broccoli-Curry mit Tofu

Zutaten für 4 Portionen:
200 g Weizen · 400 ccm Wasser · 300 g Broccoli · 1 Zwiebel · 1 Knoblauchzehe · 1 Stück frischer Ingwer (etwa 1 cm lang) · 1 Teel. Fenchelsamen · ½ Zimtstange · ½ Teel. Senfkörner · 3 Kardamomkörner · 1 Teel. Kurkuma · 1 Teel. gemahlener Kreuzkümmel · 1 Stück Muskatblüte · ½ Teel. Koriander, fein gemahlen · ½ Teel. Chili, fein gerebelt · Salz · 1 Eßl. Maiskeimöl · 1 Eßl. Butter · 150 ccm Gemüsebrühe, frisch gekocht oder aus Würfeln · 200 g Tofu · Saft von ½ Zitrone · 1 Eßl. Petersilie, frisch gehackt
Pro Portion etwa 1200 kJ/290 kcal
13 g Eiweiß · 8 g Fett · 37 g Kohlenhydrate · 8 g Ballaststoffe

● Zubereitungszeit einschließlich Quellzeit: etwa 2¼ Stunden

So wird's gemacht: Den Weizen mit dem Wasser in einen Topf geben und zum Kochen bringen. Den Weizen dann zugedeckt bei schwacher Hitze 1 Stunde garen und anschließend 1 weitere Stunde auf der abgeschalteten Kochstelle nachquellen lassen. • Gegen Ende der Quellzeit von dem Broccoli die Röschen abtrennen. Die Stiele schälen und mit den Röschen waschen. Die Stiele in kleine Stücke schneiden. Die Zwiebel und den Knoblauch schälen und fein hacken. Den Ingwer wie eine Kartoffel schälen und in dünne Scheiben schneiden. • Alle Gewürze in einem Schälchen mischen. • Das Maiskeimöl mit der Butter in einer Pfanne erhitzen. Den Broccoli dazugeben und unter Rühren kurz anbraten. Die Zwiebel, den Knoblauch und den Ingwer dazugeben und ebenfalls anbraten, bis die Zwiebel glasig ist. Den Weizen untermischen. • Die Gemüsebrühe angießen und die Gewürze untermischen. Alles zugedeckt bei mittlerer Hitze etwa 5 Minuten garen. • Inzwischen den Tofu abtropfen lassen und in Würfel von etwa 1 cm Größe schneiden. Den Tofu unter das Weizencurry mischen und alles weitere 5 Minuten schmoren. • Das Curry mit dem Zitronensaft abschmecken und mit der Petersilie bestreut sofort servieren.

Tofu, gegrillt und überbacken

Lasagne mit Gemüse und Tofusauce

Zutaten für 6 Portionen:
150 g Weizenvollkornmehl, frisch gemahlen · Salz · 1 Ei · 1 Eßl. Sonnenblumenöl · 1–2 Eßl. eiskaltes Wasser · 350 g Tofu · ½ l Sojamilch · 1 vollreife Fleischtomate (etwa 250 g) · 1 Bund Petersilie · einige Blättchen frische Zitronenmelisse und frischen Salbei · 50 g Walnuß- oder Haselnußkerne · weißer Pfeffer, frisch gemahlen · Muskatnuß, frisch gerieben · Cayennepfeffer · 250 g junge Möhren · 250 g Stangensellerie · 250 g Blattspinat · 75 g Parmesankäse, frisch gerieben · 150 g Mozzarellakäse Für die Arbeitsfläche: etwas Weizenvollkornmehl, frisch gemahlen

Pro Portion etwa 1700 kJ/400 kcal
24 g Eiweiß · 19 g Fett · 28 g Kohlenhydrate
5 g Ballaststoffe

- Vorbereitungszeit einschließlich Ruhezeit: etwa 1½ Stunden
- Backzeit: etwa 40 Minuten

<u>So wird's gemacht:</u> Für den Nudelteig das Mehl mit 1 Prise Salz, dem Ei, dem Sonnenblumenöl und 1 Eßlöffel Wasser zu einem geschmeidigen Teig verkneten. Der Teig darf nicht an den Händen kleben, aber auch nicht zu trocken sein. Bei Bedarf noch etwas Mehl beziehungsweise das restliche Wasser tropfenweise unterkneten. Den Teig in Pergamentpapier wickeln und etwa 30 Minuten bei Zimmertemperatur ruhen lassen. • Inzwischen für die Sauce den Tofu abtropfen lassen und grob zerkleinern, dann mit der Sojamilch im Mixer fein pürieren. Die Fleischtomate mit kochendheißem Wasser überbrühen, kurz darin ziehen lassen, kalt abschrecken und häuten. Die Tomate sehr klein würfeln und dabei den Stielansatz herausschneiden. Die Kräuter waschen, trockenschwenken und ohne die groben Stiele fein hacken. Die Walnuß- oder Haselnußkerne mit einem großen schweren Messer oder im Zwiebelhacker grob hacken und mit den Kräutern und den Tomatenwürfeln unter die Tofusauce mischen. Die Sauce mit Salz, Pfeffer, Muskat und Cayennepfeffer pikant abschmecken. • Für die Füllung die Möhren schälen oder schaben, waschen und in schmale Stifte schneiden. Vom Sellerie die harten Fasern und die Stielenden entfernen, die Stangen waschen und in dünne Scheiben schneiden. Den Blattspinat verlesen, von den groben Stielen befreien und in stehendem kaltem Wasser mehrmals gründlich waschen. Den Spinat dann in einem Sieb abtropfen lassen und nur, wenn die Blätter sehr groß sind, etwas kleiner zupfen. • Den Nudelteig in Portionen teilen und auf wenig Mehl oder in der Nudelmaschine so dünn wie möglich ausrollen. Die Teigplatten in rechteckige Stücke schneiden. • Den Backofen auf 200° vorheizen. • Die Tofusauce mit der Hälfte des Parmesans mischen. Den Mozzarellakäse abtropfen lassen und in dünne Scheiben schneiden. • Eine feuerfeste Form mit etwas Tofusauce ausgießen. Abwechselnd die Lasagneblätter und das Gemüse in die Form schichten, dabei das Gemüse immer mit etwas Sauce übergießen. Die letzte Schicht sollte aus Lasagneblättern bestehen. Den restlichen Parmesan und den Mozzarella darauf verteilen. • Die Lasagne im heißen Ofen auf der mittleren Schiene etwa 40 Minuten backen, bis die Oberfläche schön gebräunt ist.

<u>Das paßt dazu:</u> gemischter Salat

Mein Tip Wenn Sie keinen Blattspinat bekommen, nehmen sie statt dessen frische enthülste oder tiefgefrorene Erbsen.

Tofu, gegrillt und überbacken

Pizza mit Tofu und Kräutern

Zutaten für 3 Portionen:
250 g Weizenvollkornmehl, frisch gemahlen · 20 g frische Hefe · 1 Messerspitze flüssiger Honig · ⅛ l lauwarmes Wasser · Salz · 8 Eßl. kaltgepreßtes Olivenöl · 1¼ kg vollreife Tomaten · 1 Zwiebel · 2 Knoblauchzehen · je 1 Teel. getrockneter Oregano und Thymian · schwarzer Pfeffer, frisch gemahlen · 100 g Haselnußkerne · 200 g Tofu · ½ Bund Basilikum · 100 g Bergkäse
Für die Arbeitsfläche: wenig Mehl
Für das Backblech: 1-2 Teel. Olivenöl
Pro Portion etwa 4200 kJ/1000 kcal
33 g Eiweiß · 62 g Fett · 73 g Kohlenhydrate · 16 g Ballaststoffe

- Vorbereitungszeit einschließlich Ruhezeit: etwa 55 Minuten
- Backzeit: etwa 25 Minuten

So wird's gemacht: Für den Teig das Mehl in eine Schüssel geben und in die Mitte eine Mulde drücken. Die Hefe zerbröckeln und in der Mulde mit wenig Mehl, dem Honig und etwas Wasser zu einem Vorteig verrühren. Den Vorteig mit einem Tuch bedeckt an einem warmen Ort etwa 10 Minuten aufgehen lassen. • Den Vorteig mit dem restlichen Wasser, 1 Prise Salz, 6 Eßlöffeln Olivenöl und dem Mehl in etwa 5 Minuten zu einem geschmeidigen Teig verkneten. Den Teig wieder in die Schüssel geben und zugedeckt etwa 30 Minuten ruhen lassen, bis er sein Volumen verdoppelt hat. • Inzwischen die Tomaten mit kochendheißem Wasser überbrühen, kurz darin ziehen lassen, kalt abschrecken und häuten. 3 Tomaten in dünne Scheiben, die restlichen Tomaten in kleine Würfel schneiden. Dabei die Stielansätze entfernen. Die Zwiebel und die Knoblauchzehen schälen und sehr fein hacken. • 1 Eßlöffel Olivenöl erhitzen und die Zwiebel und den Knoblauch darin glasig braten. Die Tomatenwürfel dazugeben und bei mittlerer Hitze so lange zugedeckt schmoren lassen, bis eine dickflüssige Sauce entstanden ist. • Die Tomatensauce mit dem Oregano, dem Thymian, Salz und Pfeffer pikant abschmecken. • Die Haselnüsse mit einem großen schweren Messer oder mit einem Zwiebelhacker fein hacken. Den Tofu abtropfen lassen und fein zerkrümeln. Das Basilikum waschen, trockenschwenken, die Blättchen in feine Streifen schneiden und mit dem Tofu mischen. Den Bergkäse fein reiben. • Den Teig auf einem gefetteten Backblech ausrollen; dabei die Ränder etwas dicker formen. • Den Backofen auf 200° vorheizen. • Die Tomatensauce auf dem Hefeteig verstreichen. Den Bergkäse und zwei Drittel der Nüsse darauf verteilen und mit den Tomatenscheiben abdecken. Die Tomatenscheiben mit Salz und Pfeffer würzen und den Tofu darübergeben. Das restliche Olivenöl darüber träufeln und die restlichen Nüsse darüber streuen. • Die Pizza auf der unteren Schiene etwa 25 Minuten backen, bis sie schön gebräunt ist.

Nudelauflauf mit Tofu und Paprika

Zutaten für 4 Portionen:
200 g Tofu · 1 Stück unbehandelte Zitronenschale · 1 Eßl. Zitronensaft · 30 g gemischte Kräuter (zum Beispiel Petersilie, Borretsch, Zitronenmelisse, Thymian und Majoran) · 150 g Vollkorn-Bandnudeln · Salz · je 1 kleine grüne und gelbe Paprikaschote (etwa 200 g) · 150 g vollreife Tomaten · schwarzer Pfeffer, frisch gemahlen · 4 Eier · 1 Becher Sahne (200 g) · 75 g Parmesankäse, frisch gerieben
Für die Form und zum Belegen: ½ Eßl. Butter

Tofu, gegrillt und überbacken

Pro Portion etwa 2100 kJ/500 kcal
25 g Eiweiß · 32 g Fett · 31 g Kohlenhydrate ·
5 g Ballaststoffe

- Vorbereitungszeit einschließlich Marinierzeit: etwa 1 Stunde
- Backzeit: etwa 35 Minuten

So wird's gemacht: Den Tofu abtropfen lassen und in Würfel von etwa ½ cm Größe schneiden. Die Zitronenschale fein hacken und mit dem Zitronensaft unter den Tofu mischen. Etwa zwei Drittel der Kräuter waschen, trockenschwenken und ohne die groben Stiele fein hacken. Die Kräuter ebenfalls unter die Tofuwürfel mischen. Den Tofu zugedeckt marinieren, bis alle anderen Zutaten vorbereitet sind. • Die Nudeln in reichlich sprudelnd kochendem Salzwasser in etwa 6 Minuten bißfest garen, dann kalt abschrecken und abtropfen lassen. • Die Paprikaschoten waschen und halbieren. Die Hälften von den Stielansätzen und allen Trennwänden mit den Kernen befreien und in kleine Würfel schneiden. Die Tomaten mit kochendheißem Wasser überbrühen, kurz darin ziehen lassen, kalt abschrecken und häuten. Die Tomaten in Würfel schneiden, dabei die Stielansätze entfernen. • Den Backhofen auf 200° vorheizen. • Die Nudeln, den Tofu einschließlich der Marinade, die Paprikawürfel und die Tomaten mischen und mit Salz und Pfeffer würzen. • Eine feuerfeste Form mit etwas Butter ausstreichen. Die Eier trennen. Die Eigelbe mit der Sahne und dem Käse verquirlen und unter die Nudelmasse mischen. Die Eiweiße mit 1 Prise Salz zu steifem Schnee schlagen und vorsichtig unterheben. • Die Masse in die vorbereitete Form füllen, mit der restlichen Butter belegen und im heißen Ofen auf der unteren Schiene etwa 35 Minuten backen, bis die Oberfläche schön gebräunt ist. • Inzwischen die restlichen Kräuter waschen, trockenschwenken und fein hacken. Den Nudelauflauf damit bestreut servieren.

Gegrillter Tofu mit süßsaurer Glasur

Zutaten für 2-3 Portionen:
250 g vollreife Tomaten · 2-3 Knoblauchzehen ·
1½ Eßl. Olivenöl · 1 Eßl. ungesüßte Beerenmarmelade (Naturkostladen) · 2-3 Teel. Rotwein-
oder Balsamessig · Tabascosauce · 2 Teel. Paprikapulver, edelsüß · 1 Eßl. eingelegte grüne Pfefferkörner (aus dem Glas) · Salz ·
300 g Tofu · 1 Eßl. Petersilie, frisch gehackt
Bei 3 Portionen pro Portion etwa 570 kJ/
140 kcal
8 g Eiweiß · 8 g Fett · 8 g Kohlenhydrate ·
2 g Ballaststoffe

- Vorbereitungszeit: etwa 15 Minuten
- Grillzeit: etwa 20 Minuten

So wird's gemacht: Die Tomaten mit kochendheißem Wasser überbrühen, kurz darin ziehen lassen, kalt abschrecken und häuten. Die Stielansätze herausschneiden. Die Knoblauchzehen schälen und grob zerkleinern. • Die Tomaten mit dem Knoblauch und dem Olivenöl im Mixer fein pürieren. Die Marmelade, den Essig, 1 kräftigen Spritzer Tabascosauce und das Paprikapulver unterrühren. Die Pfefferkörner abtropfen lassen, mit einer Gabel grob zerdrücken und ebenfalls unterrühren. Die Marinade mit Salz würzen. • Den Backofengrill vorheizen. • Den Tofu abtropfen lassen und in etwa ½ cm dicke Scheiben schneiden. • Die Scheiben in eine feuerfeste Form legen und unter dem vorgeheizten Grill etwa 20 Minuten grillen. Dabei nach 5 Minuten wenden und auf der anderen Seite ebenfalls einige Minuten anrösten. Die Scheiben dann während der restlichen Grillzeit häufig mit der Glasur bestreichen und ab und zu wenden. • Den gegrillten Tofu mit der Petersilie bestreut servieren.

Tofu, gegrillt und überbacken

Tofugratin mit Tomaten und Petersilienpaste

Zutaten für 3-4 Portionen:
2 Knoblauchzehen · 3 Bund Petersilie · 50 g Haselnußkerne · ⅛ l kaltgepreßtes Olivenöl · 75 g Parmesankäse, frisch gerieben · schwarzer Pfeffer, frisch gemahlen · 250 g Tofu · 500 g vollreife Tomaten
Bei 4 Portionen pro Portion etwa 1900 kJ/ 450 kcal
14 g Eiweiß · 40 g Fett · 8 g Kohlenhydrate · 3 g Ballaststoffe

- Vorbereitungszeit: etwa 45 Minuten
- Backzeit: etwa 20 Minuten

<u>So wird's gemacht:</u> Die Knoblauchzehen schälen und durch die Knoblauchpresse drücken. Die Petersilie waschen, trockenschwenken und ohne die groben Stiele sehr fein hacken. Die Haselnußkerne in der Mandelmühle fein mahlen. • Den Knoblauch mit der Petersilie und den Nüssen im Mörser zu einer glatten Paste zerstoßen. Das Olivenöl teelöffelweise unterrühren. Den Parmesankäse untermischen und die Paste mit 1 kräftigen Prise Pfeffer würzen. • Den Backofen auf 220° vorheizen. • Den Tofu abtropfen lassen und in etwa ½ cm dicke Scheiben schneiden. Die Tomaten waschen, abtrocknen und in dünne Scheiben schneiden. Dabei die Stielansätze herausschneiden. • Den Boden einer feuerfesten Form mit den Tomatenscheiben auslegen. Die Hälfte der Petersilienpaste gleichmäßig darauf verstreichen. Die Tofuscheiben darüber verteilen und mit der restlichen Paste bedecken. • Den Gratin in den Ofen auf die mittlere Schiene schieben und etwa 20 Minuten backen, bis die Oberfläche leicht gebräunt ist.

<u>Das paßt dazu:</u> Vollkornbrötchen

Variante: Tofu-Zucchinigratin
250 g Tofu abtropfen lassen und in möglichst dünne Scheiben schneiden. Den Saft und die fein gehackte Schale von ½ unbehandelten Zitrone, je ½ Eßlöffel frisch gehackte Rosmarinnadeln und Thymianblättchen, 2 geschälte, durchgepreßte Knoblauchzehen und 3-4 Eßlöffel kaltgepreßtes Olivenöl in einem Schälchen mischen. Die Tofuscheiben in eine Schale legen und mit der Marinade bedecken. Den Tofu etwa 2 Stunden zugedeckt ziehen lassen. Dann 1 Eßlöffel ungeschälte Sesamsamen in einer trockenen Pfanne unter Rühren rösten, bis sie würzig duften. 400 g junge Zucchini waschen, von Stiel- und Blütenansätzen befreien und in dünne Scheiben schneiden. Die Tofuscheiben und die Zucchini lagenweise in eine feuerfeste Form schichten. Dabei jede Schicht mit Salz und frisch gemahlenem schwarzem Pfeffer würzen und mit Sesamsamen bestreuen. 100 g Sahne angießen und den Gratin mit 1-2 Eßlöffeln frisch geriebenem Parmesankäse bestreuen. Den Gratin im vorgeheizten Backofen bei 220° etwa 20 Minuten backen, bis die Oberfläche schön gebräunt ist. Dazu passen Pellkartoffeln und Salat.

So gelingen die Algenröllchen mit roten Linsen und Tofu ganz leicht: Beim Rösten verfärben sich die braunen Algen grün. Der kleingeschnittene Tofu wird mit den würzenden Zutaten vermischt. Tomaten- und Gurkenwürfel sowie frisch geriebener Meerrettich – gut vermengt mit den Linsen – ergeben die Füllung für die Algenröllchen. Fertig ist eine außergewöhnliche Vorspeise. Rezept Seite 11.

Tofuquiche mit Wirsing

Zutaten für 4–6 Portionen:
200 g Weizenvollkornmehl, frisch gemahlen · 100 g weiche Butter · 4 Eier · 4 Eßl. eiskaltes Wasser · Salz · 250 g Tofu · 400 g vollreife Tomaten · 250 g Wirsing · 125 g Emmentaler Käse · je 1 Bund Petersilie und Basilikum · schwarzer Pfeffer, frisch gemahlen · je 1 Prise Cayennepfeffer und Muskatnuß, frisch gerieben · ½ Eßl. Schnittlauchröllchen
Bei 6 Portionen pro Portion etwa 1800 kJ/ 430 kcal
19 g Eiweiß · 27 g Fett · 26 g Kohlenhydrate · 4 g Ballaststoffe

- Vorbereitungszeit einschließlich Ruhezeit: etwa 1 Stunde und 10 Minuten
- Backzeit: etwa 40 Minuten

<u>So wird's gemacht:</u> Für den Teig das Mehl mit der in kleine Stückchen geteilten Butter, 1 Ei, dem Wasser und 1 Prise Salz rasch zu einem glatten Mürbeteig verkneten. Den Teig zu einer Kugel formen und in Pergamentpapier gewickelt etwa 1 Stunde kühl stellen. • Für die Füllung den Tofu abtropfen lassen und grob zerkleinern. Die Tomaten waschen, abtrocknen und ebenfalls grob zerkleinern. Dabei die Stielansätze und die Kerne entfernen. Die Tomaten mit dem Tofu im Mixer fein pürieren. • Den Wirsing in die einzelnen Blätter zerteilen, waschen, abtropfen lassen und in feine Streifen schneiden. Den Emmentaler Käse fein reiben. Die Petersilie und das Basilikum waschen, trockenschwenken und ohne die groben Stiele fein hacken. • Die restlichen Eier trennen. Die Eigelbe mit den Kräutern, dem Käse und dem Wirsing unter die Tofumasse mischen und alles mit Salz, Pfeffer, dem Cayennepfeffer und dem Muskat abschmecken. • Den Backofen auf 200° vorheizen. • Eine ungefettete Springform von 28 cm Durchmesser mit dem Teig auskleiden und dabei einen etwa 3 cm hohen Rand formen. Den Teigboden mit einer Gabel mehrmals einstechen. • Die Eiweiße mit 1 Prise Salz steif schlagen und mit einem Schneebesen unter die Tofufüllung mischen. Die Masse in die Form auf den Teig gießen und die Quiche im heißen Ofen auf der mittleren Schiene etwa 40 Minuten backen, bis die Masse fest und schön gebräunt ist. • Die Torte kurz abkühlen lassen, dann mit einem Messer vom Rand der Form lösen und mit einer Palette auf eine Platte gleiten lassen. Die Torte in Stücke schneiden und mit dem Schnittlauch bestreut sofort servieren.

<u>Das paßt dazu:</u> gemischter Salat

◁ An kalten Tagen ist die Hirsesuppe mit Sellerie und Tofu eine willkommene und sättigende Mahlzeit. Rezept Seite 23.

Mein Tip Statt Wirsing können Sie auch Zucchinistifte oder Blattspinat verwenden.
Wenn Sie einmal viele Gäste haben, können Sie die Zutatenmenge leicht verdoppeln und die Quiche auf einem Backblech backen. Die Garzeit bleibt dieselbe.

Gefüllte Zucchini

Zutaten für 4 Portionen:
4 Zucchini (etwa 1 kg) · 400 g vollreife Tomaten · 1 Teel. frische Thymianblättchen · 150 g Sahne · Salz · weißer Pfeffer, frisch gemahlen · 1 Prise Cayennpfeffer · 2 Eßl. ungeschälte Sesamsamen · 1 Bund Petersilie · 1 Schalotte · 2 Möhren (etwa 250 g) · 200 g Tofu · 3 Eßl. saure Sahne · 30 g Butter
Pro Portion etwa 1600 kJ/380 kcal
12 g Eiweiß · 24 g Fett · 27 g Kohlenhydrate · 4 g Ballaststoffe

- Vorbereitungszeit: etwa 30 Minuten
- Backzeit: etwa 40 Minuten

So wird's gemacht: Die Zucchini waschen und von Stiel- und Blütenansätzen befreien, dann längs halbieren. Das Fruchtfleisch mit einem Messer kreuzweise bis zur Schale einschneiden, dann mit einem Teelöffel herauslösen und feinhacken. Die Tomaten mit kochendheißem Wasser überbrühen, kurz darin ziehen lassen, kalt abschrecken und häuten. Die Tomaten von den Stielansätzen befreien, in kleine Würfel schneiden und mit dem gehackten Zucchinifleisch,

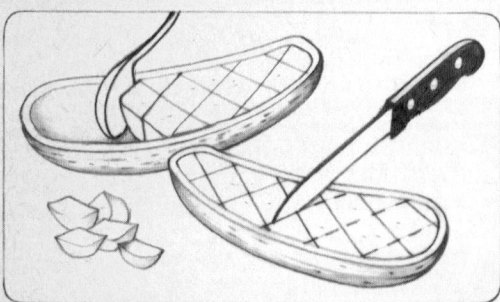

Um Zucchini auszuhöhlen, schneiden Sie das Fruchtfleisch mit einem Messer kreuzweise ein. Dann läßt es sich leicht mit einem Löffel herauslösen.

dem Thymian und der Sahne mischen. Die Masse mit Salz, Pfeffer und dem Cayennepfeffer würzen und in eine feuerfeste Form geben. • Den Backofen auf 200° vorheizen. • Für die Füllung die Sesamsamen in einer Pfanne ohne Fettzugabe unter Rühren rösten, bis sie würzig duften. Die Petersilie waschen, trockenschwenken und ohne die groben Stiele fein hacken. Die Schalotte schälen und ebenfalls fein hacken. Die Möhren putzen, schaben oder schälen und waschen, dann auf der Gemüsereibe grob raspeln. Den Tofu abtropfen lassen und mit einer Gabel fein zerdrücken, dann mit den Sesamsamen, der Petersilie, der Schalotte, den Möhren und der sauren Sahne mischen. Die Masse mit Salz und Pfeffer pikant würzen und in die ausgehöhlten Zucchinihälften füllen. • Die Zucchini in die Form auf die Tomatenmasse setzen, mit der Butter in kleinen Flöckchen bedecken und im heißen Backofen auf der mittleren Schiene etwa 40 Minuten backen, bis die Oberfläche schön gebräunt ist.

Das paßt dazu: körnig gegarter Naturreis

Mein Tip Wenn Sie die Zucchini zusätzlich anreichern möchten, können Sie sie vor dem Backen mit 2-3 Eßlöffeln frisch geriebenem Emmentaler oder Parmesan bestreuen.

Köstliche Süßspeisen

Tofu-Nußstrudel

Zutaten für 6 Portionen:
200 g Weizenvollkornmehl, frisch gemahlen · Salz · 3 Eßl. geschmacksneutrales Pflanzenöl · 100 ccm lauwarmes Wasser · 300 g Tofu · ⅛ l Milch oder Sojamilch · 2 Eier · 1 unbehandelte Zitrone · 2 säuerliche Äpfel (etwa 330 g) · 250 g Haselnußkerne · 50 g Sonnenblumenkerne · 1 Teel. Zimtpulver · 3–4 Eßl. Apfeldicksaft oder Zuckerrohrgranulat
Für die Arbeitsfläche: etwas Weizenvollkornmehl, frisch gemahlen
Für die Form und zum Bestreichen: 60 g zerlassene Butter
Pro Portion etwa 2900 kJ/690 kcal
18 g Eiweiß · 46 g Fett · 47 g Kohlenhydrate · 6 g Ballaststoffe

- Vorbereitungszeit einschließlich Ruhezeit: etwa 1 Stunde
- Backzeit: etwa 45 Minuten

<u>So wird's gemacht:</u> Für den Teig das Mehl mit 1 Prise Salz, dem Öl und dem Wasser zu einem geschmeidigen Teig verkneten. Der Teig muß weich sein, darf aber nicht an den Fingern kleben. Bei Bedarf noch etwas Mehl beziehungsweise tropfenweise lauwarmes Wasser unterkneten. Den Teig in Pergamentpapier wickeln und an einem warmen Ort etwa 30 Minuten ruhen lassen, damit das Mehl quellen kann. • Inzwischen den Tofu abtropfen lassen, grob zerkleinern und mit der Milch oder Sojamilch im Mixer fein pürieren. Die Eier trennen und die Eigelbe unter die Tofucreme mischen. • Die Zitrone heiß waschen und abtrocknen. Die Schale fein abreiben, die Zitrone dann auspressen. Die Äpfel waschen, vierteln, vom Kerngehäuse befreien und auf der Rohkostreibe fein raspeln. Die Äpfel mit dem Zitronensaft vermischen, damit sie sich nicht braun verfärben. • Die Haselnußkerne in der Mandelmühle fein mahlen und mit den Apfelraspeln, der Zitronenschale, den Sonnenblumenkernen, dem Zimtpulver und dem Apfeldicksaft oder Zuckerrohrgranulat unter die Tofucreme mischen. Die Eiweiße mit 1 Prise Salz zu steifem Schnee schlagen und mit dem Schneebesen vorsichtig unter die Creme mischen. • Den Backofen auf 200° vorheizen. Eine feuerfeste Form mit etwas flüssiger Butter ausstreichen. • Den Strudelteig in zwei Portionen teilen. Eine Hälfte auf der leicht bemehlten Arbeitsfläche zu einem Rechteck ausrollen, dann auf ein ebenfalls bemehltes Küchentuch legen und so dünn wie möglich ausrollen. Die Teigplatte mit etwas flüssiger Butter bestreichen. Die Hälfte der Tofufüllung auf dem Teig verteilen; dabei einen etwa 1 cm breiten Rand freilassen, damit die Füllung beim Aufrollen nicht austritt. Die Teigplatte an den Schmalseiten über der Füllung etwas einklappen, dann den Teig mit Hilfe des Küchentuches zu einem Strudel aufrollen. Die Teigrolle mit dem Tuch anheben und in die vorbereitete Form gleiten lassen. Das zweite Teigstück ebenso ausrollen, füllen, zusammenrollen und in die Form gleiten lassen. • Die Strudel mit etwas flüssiger Butter bestreichen, in den heißen Ofen auf die mittlere Schiene stellen und etwa 45 Minuten backen, bis sie an der Oberfläche schön gebräunt sind. Die Strudel dabei noch ein- oder zweimal mit der restlichen Butter bestreichen.

> **Mein Tip** Sie können diesen Strudel auch mit Kirschen oder Zwetschgen zubereiten. Außerdem passen ungeschwefelte Rosinen oder Korinthen. Strudelteig aus Vollkornmehl läßt sich nur ausrollen und nicht mit den Händen hauchdünn ausziehen. Der Teig würde sonst reißen.

Köstliche Süßspeisen

Tofupflänzchen mit Pfirsichkompott

Bild 3. Umschlagseite

Mit einer Suppe vorweg ist diese Süßspeise ein komplettes Hauptgericht.

Zutaten für 2 Portionen:
50 g ungesalzene Pistazienkerne · ½ unbehandelte Zitrone · 200 g Tofu · 1 Ei · 3 Eßl. Weizenvollkornmehl, frisch gemahlen · 3 Eßl. Ahornsirup · 400 g vollreife Pfirsiche · 3 Eßl. trockener Weißwein oder Wasser · 1 Prise Zimtpulver · 2 Eßl. geschmacksneutrales Pflanzenöl
Pro Portion etwa 2500 kJ/600 kcal
19 g Eiweiß · 29 g Fett · 59 g Kohlenhydrate · 5 g Ballaststoffe

● Zubereitungszeit: etwa 30 Minuten

So wird's gemacht: Die Pistazien mit einem großen schweren Messer oder im Zwiebelhacker fein hacken. Die Zitronenhälfte heiß waschen, abtrocknen und die Schale fein abreiben. Die Zitrone dann auspressen. ● Den Tofu abtropfen lassen, grob zerkleinern und mit dem Zitronensaft mit einer Gabel fein zerdrücken oder im Mixer pürieren. ● Das Tofupüree mit den Pistazien, der Zitronenschale, dem Ei, dem Weizenmehl und 2 Eßlöffeln Ahornsirup zu einem geschmeidigen Teig verkneten. ● Für das Kompott die Pfirsiche waschen, abtrocknen und in kleinen Stücken vom Stein abschneiden. Die Pfirsichstücke mit dem restlichen Ahornsirup und dem Weißwein oder Wasser in einen Topf geben. Die Pfirsiche mit dem Zimtpulver mischen und zugedeckt bei sehr schwacher Hitze etwa 5 Minuten garen. ● Inzwischen aus der Tofumasse 6 kleine Pflänzchen formen. Das Öl in einer Pfanne erhitzen und die Pflänzchen darin von jeder Seite bei schwacher bis mittlerer Hitze etwa 5 Minuten braten. ● Die Tofupflänzchen mit dem Pfirsichkompott servieren.

Avocadocreme mit Tofu

Zutaten für 4 Portionen:
1 unbehandelte Zitrone · 1 vollreife Avocado (etwa 250 g) · 200 g Tofu · 50 g Sahne · 2–3 Eßl. Zuckerrohrgranulat · einige Blättchen Zitronenmelisse zum Garnieren
Pro Portion etwa 1000 kJ/240 kcal
5 g Eiweiß · 21 g Fett · 11 g Kohlenhydrate · 1 g Ballaststoffe

● Zubereitungszeit: etwa 15 Minuten

So wird's gemacht: Die Zitrone heiß waschen und abtrocknen. Die Schale fein abreiben und die Zitrone dann auspressen. ● Die Avocado halbieren, vom Kern befreien und das Fruchtfleisch mit einem Teelöffel aus den Schalen lösen. Den Tofu abtropfen lassen und in größere Stücke schneiden. ● Den Tofu mit der Avocado, dem Zitronensaft und der -schale, der Sahne und dem Zuckerrohrgranulat im Mixer fein pürieren. ● Die Creme in Dessertschälchen füllen und mit den kalt abgespülten Zitronenmelissenblättchen garniert servieren.

> **Mein Tip** Wenn Sie die Haut von Pfirsichen nicht mögen, können Sie entweder Nektarinen verwenden oder die Pfirsiche häuten: Die Früchte mit kochendheißem Wasser überbrühen, kurz darin ziehen lassen, kalt abschrecken und die Haut abziehen.

Köstliche Süßspeisen

Variante: Tofu-Bananencreme
200 g Tofu abtropfen lassen und grob zerkleinern. 1 große reife Banane in Stücke schneiden. Den Tofu mit der Banane, dem Saft und der Schale von 1 unbehandelten Orange, nach Wunsch 1 Eßlöffel Orangenlikör, 50 ccm Milch, 2-3 Eßlöffeln Ahornsirup und 1 Prise Zimtpulver im Mixer pürieren. Die Creme in Dessertschälchen füllen und jeweils mit 1 Teelöffel fein gehackten Haselnußkernen bestreuen.

Tofu-Grießauflauf mit Obst

Zutaten für 4-6 Portionen:
125 g Weizen-Vollkorngrieß · ½ l Sojamilch ·
1 Prise Salz · 350 g Zwetschgen · 1 reifer Pfirsich
(etwa 180 g) · 250 g Tofu · 3-4 Eßl. Honig ·
½ Teel. Zimtpulver · 2 kleine Eier · 1 Eßl. Haselnußkerne, grob gehackt · 1 Eßl. Butter
Für die Form: geschmacksneutrales Öl
Bei 6 Portionen pro Portion etwa 1200 kJ/ 290 kcal
11 g Eiweiß · 10 g Fett · 39 g Kohlenhydrate · 4 g Ballaststoffe

● Vorbereitungszeit: etwa 30 Minuten
● Backzeit: etwa 45 Minuten

So wird's gemacht: Den Vollkorngrieß mit der Sojamilch und dem Salz in einem Topf unter ständigem Rühren zum Kochen bringen und anschließend bei schwacher Hitze in etwa 10 Minuten ausquellen lassen. ● Inzwischen die Zwetschgen waschen, abtrocknen, entkernen und in kleine Würfel schneiden. Den Pfirsich waschen, abtrocknen und das Fruchtfleisch in kleinen Schnitzen vom Kern abschneiden. Den Tofu abtropfen lassen und mit einer Gabel so fein wie möglich zerdrücken. ● Den Backofen auf 180° vorheizen. ● Eine feuerfeste Form mit etwas Öl auspinseln. ● Das Tofupüree mit dem Obst, dem Honig und dem Zimtpulver unter die etwas abgekühlte Grießmasse rühren. ● Die Eier trennen. Die Eigelbe ebenfalls unter die Grießmasse rühren. Die Eiweiße mit 1 Prise Salz zu steifem Schnee schlagen und vorsichtig unterheben. ● Die Masse in die vorbereitete Form füllen. Die Haselnüsse darüber streuen und alles mit der Butter in Flöckchen belegen. ● Den Auflauf auf der mittleren Schiene des heißen Ofens etwa 45 Minuten backen, bis die Masse fest und gebräunt ist.

Tofu-Erdbeerbecher

Zutaten für 4 Portionen:
400 g Erdbeeren · 150 g Tofu · 40 g Zuckerrohrgranulat · 2 Eßl. Haselnußkerne · ⅛ l Sahne ·
4 Pfefferminzblättchen zum Garnieren
Pro Portion etwa 970 kJ/230 kcal
5 g Eiweiß · 15 g Fett · 19 g Kohlenhydrate · 2 g Ballaststoffe

● Zubereitungszeit: etwa 20 Minuten

So wird's gemacht: Die Erdbeeren unter fließendem kaltem Wasser waschen, trockentupfen und entkelchen. Etwa 5 größere Erdbeeren beiseite legen, die restlichen Früchte grob zerkleinern. ● Den Tofu abtropfen lassen, in Stücke schneiden und mit den zerkleinerten Erdbeeren und dem Zuckerrohrgranulat im Mixer pürieren. ● Die restlichen Erdbeeren in kleine Würfel schneiden. Die Haselnußkerne mit einem großen schweren Messer oder im Zwiebelhacker fein hacken und mit den Erdbeeren unter die Tofucreme rühren. ● Die Sahne steif schlagen und unterheben. Die Tofucreme in 4 Dessertschälchen füllen und mit je 1 kalt abgespülten Pfefferminzblatt garniert servieren.

Köstliche Süßspeisen

Tofueis mit Orangenlikör

Zutaten für 4 Portionen:
250 g Tofu · 200 ccm Sojamilch · 3 Eßl. Birnendicksaft oder Sanddornsirup · 1 unbehandelte Zitrone · 2 Teel. gemahlene Vanille · 1 Prise Nelkenpfeffer · 2 Eßl. Orangenlikör
Pro Portion etwa 490 kJ/120 kcal
6 g Eiweiß · 3 g Fett · 15 g Kohlenhydrate · 0 g Ballaststoffe

- Zubereitungszeit: etwa 20 Minuten
- Kühlzeit: etwa 5 Stunden

So wird's gemacht: Den Tofu abtropfen lassen und grob würfeln. Dann mit der Sojamilch und dem Birnendicksaft oder Sanddornsirup im Mixer fein pürieren. • Die Zitrone heiß waschen und abtrocknen. Die Schale fein abreiben, dann die Zitrone auspressen. Den Saft und die Schale mit der Vanille, dem Nelkenpfeffer und dem Orangenlikör unter das Tofupüree rühren. • Die Masse in eine Edelstahlschüssel füllen und im Gefrierfach oder in der Tiefkühltruhe in etwa 5 Stunden fest werden lassen. Dabei gelegentlich durchrühren.

Das paßt dazu: beliebiges Obstkompott

Variante: Tofu-Apfeleis mit Sesam
2 Eßlöffel ungeschälte Sesamsamen in einer trockenen Pfanne bei mittlerer Hitze unter Rühren rösten, bis sie würzig duften. Den Sesam auf einem Teller abkühlen lassen. 1 säuerlichen Apfel von etwa 200 g vierteln, schälen und vom Kerngehäuse befreien. Den Apfel in kleine Stücke schneiden und mit 1 Eßlöffel Zitronensaft mischen. 200 g Tofu abtropfen lassen und grob würfeln. Den Tofu mit den Apfelstücken, 200 ccm Sojamilch und 3-4 Eßlöffeln Apfeldicksaft oder Zuckerrohrgranulat in den Mixer geben und fein pürieren. Das Püree mit ½ Teelöffel Zimtpulver abschmecken und die Sesamsamen untermischen. Die Tofumasse in eine Edelstahlschüssel geben und im Gefrierfach in 4-5 Stunden fest werden lassen. Dabei gelegentlich durchrühren. Das Tofueis mit Kompott und halbsteif geschlagener Vanillesahne servieren.

Zwetschgen und Birnen mit Tofucreme

Zutaten für 4 Portionen:
400 g Zwetschgen · 400 g saftige Birnen · 1 Eßl. Walnußkerne, fein gehackt · 1-2 Eßl. Zitronensaft · 1 Eßl. Birnendicksaft oder flüssiger Honig · 100 g Tofu · 100 g Sahne · 1 Eßl. Zuckerrohrgranulat oder flüssiger Honig · ½ Teel. Zimtpulver · etwas abgeriebene unbehandelte Zitronenschale
Pro Portion etwa 1200 kJ/290 kcal
4 g Eiweiß · 13 g Fett · 38 g Kohlenhydrate · 9 g Ballaststoffe

- Zubereitungszeit: etwa 30 Minuten

So wird's gemacht: Die Zwetschgen waschen, halbieren, entkernen und noch einmal teilen. Die Birnen waschen, vierteln und von den Kerngehäusen befreien. Die Birnen in dünne Schnitze schneiden und mit den Zwetschgen, den Walnüssen, dem Zitronensaft und dem Birnendicksaft oder dem Honig in einer Schüssel mischen. • Für die Sauce den Tofu abtropfen lassen und in grobe Stücke schneiden. Den Tofu mit der Sahne und dem Zuckerrohrgranulat oder Honig im Mixer fein pürieren. Die Sauce mit dem Zimtpulver und der Zitronenschale abschmecken. • Die Fruchtmischung auf Teller verteilen und mit der Tofucreme überziehen.

Rezept- und Sachregister

Kursiv gesetzte Seitenzahlen verweisen auf Farbbilder.

Algen, Klare Brühe mit Algen und Tofu 20
Algenröllchen mit roten Linsen und Tofu 11, *47*
Aufbewahrung von Tofu 9
Auflauf, Nudelauflauf mit Tofu und Paprika 44
Avocadocreme mit Tofu 52

Birnen, Zwetschgen und Birnen mit Tofucreme 54
Blattsalate mit Tofuwürfeln 15
Bohnen, Grüne-Bohnen-Salat mit Tomaten und Tofu 15
Broccoli, Weizen-Broccoli-Curry mit Tofu 42
Brühe, Klare Brühe mit Algen und Tofu 20
Brühe, Klare Brühe mit Pilzen und Tofu (Variante) 20

Creme, Tofu-Kräutercreme 11, *38*
Creme, Tofu-Paprikacreme (Variante) 12
Creme, Tofucreme mit Sesam (Variante) 12
Creme, Zwetschgen und Birnen mit Tofucreme 54

Dinkel, Geschmorter Dinkel mit Tofu 39

Eis, Tofu-Apfeleis mit Sesam (Variante) 54
Eis, Tofueis mit Orangenlikör 54
Erbsen, Grüne Erbsuppe mit Tofucreme 21
Erdbeeren, Tofu-Erdbeerbecher 53

Fehlerquellen bei der Herstellung von Tofu 5
Fester Tofu 6, *17*
Fladenbrote mit Tofu-Gemüse-Ragout 33

Frühlingszwiebeln, Linsensalat mit Tofu und Frühlingszwiebeln 14

Gebratener Tofu in Sahne-Kräutersauce (Variante) 29
Gebratener Tofu in Zitronensauce 28, *29*
Gebratener Tofu mit Gemüsereis *Umschlag-Vorderseite*, 29
Gefüllte Weinblätter 10
Gegrillter Tofu mit süßsaurer Glasur 45
Gemüse, Bunte Gemüseplatte mit Tofusaucen 40
Gemüse, Fladenbrote mit Tofu-Gemüse-Ragout 33
Gemüse, Lasagne mit Gemüse und Tofusauce 43
Gemüse mit Mungobohnensprossen und Tofu (Variante) 25
Gemüse, Pfannengerührtes Gemüse mit Tofu 25
Gemüse, Süßsaures Gemüse mit Tofu 25
Gemüse-Tofu-Pflänzchen 36, *37*
Gemüsereis, Gebratener Tofu mit Gemüsereis *Umschlag-Vorderseite*, 29
Gemüsesuppe mit Tofuklößchen 21
Gemüsetofu (Variante) 7
Gerinnungsmittel 5
Gratin, Tofu-Zucchinigratin (Variante) 46
Gratin, Tofugratin mit Tomaten und Petersilienpaste 46
Grieß, Tofu-Grießauflauf mit Obst 53
Grüne-Bohnen-Salat mit Tomaten und Tofu 15
Grünkerntopf mit Tofuwürfeln 39
Gurkensalat mit Tofustreifen 13

Herstellung von Tofu 5, *17*
Hirsesuppe mit Sellerie und Tofu 23, *48*

Ingwer reiben (Zeichnung) 41

Kichererbsensuppe mit Spinat und Tofu 23
Klößchen, Gemüsesuppe mit Tofuklößchen 21
Klößchen, Tofuklößchen auf provenzalische Art 32
Klößchen, Tofuklößchen mit Rote-Beete-Gemüse 26, *27*
Kohl, Spitzkohlrouladen mit Tofu 31
Kräutercreme, Tofu-Kräutercreme 11, *38*
Kräutersauce, Gebratener Tofu in Sahne-Kräutersauce (Variante) 29
Kräutertofu (Variante) 7

Lasagne mit Gemüse und Tofusauce 43
Linsen, Algenröllchen mit roten Linsen und Tofu 11, *47*
Linsensalat mit Tofu und Frühlingszwiebeln 14

Marinierter Tofu *2. Umschlagseite*, 12
Miso (Tip) 24
Misosuppe mit Gemüse und Tofu 24
Mungobohnensprossen, Gemüse mit Mungobohnensprossen und Tofu (Variante) 25

Normaler Tofu 6, *17*
Nudelauflauf mit Tofu und Paprika 44
Nudeln, Weizenkeimnudeln mit Tofu-Tomatensauce (Variante) 34
Nüsse, Tofu-Nußstrudel 51
Nußfüllung, Spinatröllchen mit Tofu-Nußfüllung (Variante) 10

Rezept- und Sachregister

Okara 6, (Tip) 7

Paprika, Scharfe Paprikasuppe 22
Paprikacreme, Tofu-Paprikacreme (Variante) 12
Petersilienpaste, Tofugratin mit Tomaten und Petersilienpaste 46
Pfannengerührtes Gemüse mit Tofu 25
Pfefferschoten (Zeichnung) 14
Pfirsiche, Tofupflänzchen mit Pfirsichkompott 52, *3. Umschlagseite*
Pflänzchen, Gemüse-Tofu-Pflänzchen 36, *37*
Pflänzchen, Tofupflänzchen mit Pfirsichkompott 52, *3. Umschlagseite*
Pflänzchen, Tofupflänzchen mit Sellerie und Haselnüssen 35
Pilze, Klare Brühe mit Pilzen und Tofu (Variante) 20
Pilze, Marinierte Zucchini und Pilze mit Seidentofu 16
Pilze, Risotto mit Spinat, Pilzen und Tofu 41
Pilzsuppe mit Petersilie 22
Pizza mit Tofu und Kräutern 44
Preßkasten 6

Quiche, Tofuquiche mit Wirsing 49

Radicchio, Tofuragout mit Radicchio und Mandeln 40
Radieschen-Spinatsalat mit Tofudressing (Variante) 19
Ragout, Fladenbrote mit Tofu-Gemüse-Ragout 33
Ragout, Tofuragout mit Radicchio und Mandeln 40
Ragout, Vollkornspaghetti mit Tofuragout 34
Risotto mit Spinat, Pilzen und Tofu 41
Rote Bete, Tofuklößchen mit Rote-Bete-Gemüse 26, *27*

Sahne, Gebratener Tofu in Sahne-Kräutersauce (Variante) 29
Sauce, Lasagne mit Gemüse und Tofusauce 43
Saucen, Bunte Gemüseplatte mit Tofusaucen 40
Seidentofu 8
Seidentofu, Marinierte Zucchini und Pilze mit Seidentofu 16
Sellerie, Hirsesuppe mit Sellerie und Tofu 23, *48*
Sellerie, Tofupflänzchen mit Sellerie und Haselnüssen 35
Sellerie-Möhren-Rohkost mit Tofudressing 19
Sesam, Tofu-Apfeleis mit Sesam (Variante) 54
Sesam, Tofucreme mit Sesam (Variante) 12
Sojamarinade, Tofu mit Sojamarinade (Variante) 13
Sojamasse auspressen (Zeichnung) 5
Spaghetti, Vollkornspaghetti mit Tofuragout 34
Spinat, Kichererbsensuppe mit Spinat und Tofu 23
Spinat, Radieschen-Spinatsalat mit Tofudressing (Variante) 19
Spinat, Risotto mit Spinat, Pilzen und Tofu 41
Spinatröllchen mit Tofu-Nußfüllung (Variante) 10
Spitzkohlrouladen mit Tofu 31
Strudel, Tofu-Nußstrudel 51

Tofu aus gemahlenen Sojabohnen 8
Tofu, Gemüsetofu (Variante) 7
Tofu, Kräutertofu (Variante) 7
Tofu, Normaler und fester Tofu 6, *17*
Tofu, Walnußtofu (Variante) 7
Tofuherstellung 5, *17*
Tofuschnitten, Gefüllte Tofuschnitten 35
Tomaten häuten (Zeichnung) 31

Tomaten, Grüne-Bohnen-Salat mit Tomaten und Tofu 15
Tomaten, Tofugratin mit Tomaten und Petersilienpaste 46
Tomatensalat mit Tofu 13, *18*
Tomatensauce, Weizenkeimnudeln mit Tofu-Tomatensauce (Variante) 34
Tomatensuppe mit Tofu 20

Vollkornspaghetti mit Tofuragout 34

Walnußtofu (Variante) 7
Weinblätter, Gefüllte Weinblätter 10
Weizen-Broccoli-Curry mit Tofu 42
Wirsing, Tofuquiche mit Wirsing 49

Zitronensauce, Gebratener Tofu in Zitronensauce 28, *29*
Zucchini aushöhlen (Zeichnung) 50
Zucchini, Gefüllte Zucchini 50
Zucchini, Marinierte Zucchini und Pilze mit Seidentofu 16
Zucchini, Tofu-Zucchinigratin (Variante) 46
Zwetschgen und Birnen mit Tofucreme 54

▷ Tofupflänzchen mit Pfirsichkompott schmecken so gut, daß sie nicht nur zum Dessert, sondern auch als Hauptgericht großen Anklang finden werden. Rezept Seite 52.